Gärten können inspirieren, beruhigen und aufrichten. Und sie haben seit jeher einen besonderen Stellenwert für Künstler. Jane Austen suchte in ihrem Cottage-Garten nach Momenten der Stille. Für Marcel Proust, der seine letzten Lebensjahre bei geschlossenen Fensterläden in seinem Schlafzimmer verbrachte, hießen drei Bonsaibäumchen Inspiration, und die als skandalös geltende französische Schriftstellerin Colette verspürte beim Anblick ihrer Rosen ein Gefühl von Frieden und Glück. Damon Young erforscht wunderbar anregend das besondere Verhältnis zwischen Schreibenden und ihren Gärten – als spazierte man mit einem sehr klugen Freund durch einen wunderschönen Garten.

DAMON YOUNG ist Philosoph und Schriftsteller, derzeit ist er Honorary Fellow in Philosophie an der Universität von Melbourne. Damons Bücher wurden international veröffentlicht und in mehrere Sprachen übersetzt, er arbeitet für *The Age*, den *Sydney Morning Herald*, *The Australian* und BBC, wo er regelmäßiger Gast in Radiosendungen ist. Er lebt mit seiner Frau Ruth und zwei Kindern in Melbourne.

Damon Young

Warum Jane Austen ohne Flieder nicht leben konnte

Vom Philosophieren im Garten

Aus dem Englischen
von Mechthild Barth

Illustriert von Daniel Keating

btb

INHALT

Freiluft-Philosophie	7
Jane Austen: Der Trost von Chawton Cottage	21
Marcel Proust: Bonsai im Schlafzimmer	49
Leonard Woolf: Die Äpfel von Monk's House	71
Friedrich Nietzsche: Der Gedankenbaum	97
Colette: Sex und Rosen	115
Jean-Jacques Rousseau: Botanische Bekenntnisse	133
George Orwell: Auf und ab mit einer scharfen Sense	153
Emily Dickinson: Fluren voll vielleicht	169
Nikos Kazantzakis: Steine harken	183
Jean-Paul Sartre: Kastanien und das Nichts	195
Voltaire: Das beste aller möglichen Anwesen	213
Ein Fremder an der Pforte	227
Bibliografie: Blättern	233
Danksagung	251

FREILUFT-PHILOSOPHIE

Jeder Bereich der Natur ist wundervoll…
  Aristoteles: *Zoologische Schriften*

Aristoteles galt als Dandy. Seinem antiken Biografen Diogenes Laërtius zufolge hatte sich der Vater der wissenschaftlichen Philosophie ein modisches Lispeln angewöhnt und war für seine stilbewusste Garderobe und auffallenden Schmuck bekannt. Er scheint ein weltstädtischer Bonvivant mit einer Vorliebe für Luxus gewesen zu sein, was wohl durch seine Beziehungen zum mazedonischen Königshaus noch verstärkt wurde. Historisch betrachtet macht das Sinn: Wie Aristoteles selbst feststellte, entwickelte sich die Philosophie vornehmlich in den großen, wohlhabenden Städten, weil dort die gebildete Oberschicht gerne zu ihrem Vergnügen parlierte und Texte verfasste. Aristoteles' eigene Schule befand sich allerdings nicht am mazedonischen Hof, in einem der angesehenen Vororte von Athen wie Kerameikos oder auf der *Agora*, dem geschäftigen Marktplatz der Stadt. Der Philosoph bevorzugte es stattdessen, seine berühmten Vorlesungen in einem Park abzuhalten.

Seine Schule, das Lykeion, war nach den schattigen Hainen benannt, wo der Philosoph seine Gebäude mietete. Das

Lykeion lag östlich der Stadtmauern und war dem Apollon Lykeios geweiht, dem Sohn von Zeus in seiner »Wolfsgott«-Gestalt. Es gab Wege, Rennbahnen, Umkleideräume, Ringkampfschulen, Tempel und sogenannte *Stoen*, Säulenhallen, die vor Sonne und Regen schützten. In diesen Hainen wurden Militärparaden ebenso wie kultische Rituale veranstaltet. Es war ein Ort für sportliche Betätigungen, Religion, Politik – und Philosophie. Aristoteles unterrichtete seine Schüler, während sie durch den *Peripatos*, die Wandelhalle, schlenderten, weshalb sie auch die Peripatetiker genannt wurden. Sein Lykeion beherbergte zudem den ersten botanischen Garten (der wahrscheinlich mit Pflanzen aus dem mazedonischen

Reich bestückt war), welcher zweifelsohne für Aristoteles' verloren gegangene Schrift *Über Pflanzen* von Bedeutung war.

In diesem Werk folgt er seinem Lehrer Platon, dessen Akademie ebenfalls in einem geweihten Hain zusammenkam und der ähnlich im Gehen unterrichtete wie Aristoteles (»Ich habe lange gezweifelt und bin dabei hin und her gewandelt wie Platon«, spottete der Dramatiker Alexis einmal, »wobei allerdings nur meine Beine müde wurden.«)

Die Begeisterung für Gärten hielt sich auch in der klassischen Antike. So verfasste Aristoteles' Schüler und Nachfolger Theophrastos die erste systematische Abhandlung zur Botanik und hinterließ den Hain des Lykeion seinen Kollegen, »die dort Philosophie und Literatur studieren wollen … in Vertrautheit und Freundschaft«. Das Lykeion und die Akademie bildeten über zwei Jahrhunderte lang das Zentrum des intellektuellen Lebens am Mittelmeer. Epikur, einer der bedeutsamen hellenistischen Rezensenten Platons und Aristoteles', lebte in seinem Anwesen in Athen in strenger Zurückgezogenheit (vielleicht auch Verbitterung). Seine Schule wurde der »Garten« genannt, ein Symbol für Epikurs Unabhängigkeit und die Möglichkeit, diese zu leben. »Folgt man der Natur«, wird Epikur von Porphyrios zitiert, »ist man in jeglicher Hinsicht autark.« Gebildete Römer gingen ihren wissenschaftlichen beziehungsweise geistigen Gesprächen ebenfalls häufig in Gärten nach, wobei sie sich in einer Traditionslinie mit ihren griechischen Vorläufern sahen. Nachdem Cicero sein öffentliches Amt verloren hatte, schrieb er, dass er eine »Akademie« in seiner Villa in Tusculum eröffnet habe. Er und seine Schüler spazierten dort im Freien umher, während sie ihrer geistigen Arbeit nachgingen, wobei es Cicero offenbar besondere Freude machte, den Pflanzen beim Wachsen zuzusehen. »Ich bin stets begeistert«, erklärt Cato der Ältere in *Über das Alter*, »wenn ich die Kraft der Natur bei der Entstehung von Gemüse mit meinen eigenen Augen zu beobachten vermag.« Gegen Ende der klassischen Antike, mehr als siebenhundert Jahre nachdem Aristoteles seine Schule eröffnet hatte, wurde der platonische Theologe Augustinus in einem Garten zum christlichen Glauben bekehrt. »Ich aber warf mich, weiß nicht wie, unter einem Feigenbaum zur Erde und ließ den Tränen freien Lauf.« Philosophie fand auffallend oft im Freien statt.

Und die Gründe dafür sind zahlreich. Zum einen stellten Gärten ein wahres Bollwerk gegen Ablenkung von außen dar. Die Philosophie ist eine gesellige Angelegenheit, die am besten in sozialer Interaktion gedeiht. Zu viel Stimulation führt jedoch in den Wahnsinn, nicht zu sinnvollen Betrachtungen. Bereits im klassisch antiken und hellenistischen Griechenland waren Städte laute und geschäftige Orte, an denen man ständig in seinen Gedanken unterbrochen wurde. Athens Straßen waren schmal und verwinkelt, von seinen Bewohnern zu allen Tages- und Nachtzeiten bevölkert (die oftmals betrunken nach irgendwelchen Symposien nach Hause stolperten). Wagen fuhren den ganzen Tag rumpelnd und quietschend an einem vorbei, und wenn man dem Komödiendichter Aristophanes Glauben schenken mag, benutzten viele die Straßen dazu, ihre Blase oder den Nachttopf zu entleeren. Auch zu Hause entkamen die Athener diesem Chaos nicht, denn die meisten hielten sich Esel, Ziegen und andere Haustiere. Im Lykeion konnten Aristoteles und seine Schüler der Unruhe des städtischen Lebens entkommen und sich ganz auf ihre Themen der Logik und Metaphysik konzentrieren.

Die antiken Griechen waren außerdem körperorientiert,

geistiger Beschäftigung ging man nicht im Sitzen nach. Die ersten Schulen waren Turnhallen für Sportarten wie Laufen oder Ringkampf. Ein öffentlicher Park stellte einen Ort dar, wo man sich nicht nur die Beine vertrat, sondern auch die geschmeidigen Muskeln dehnte. Auch das Gärtnern wurde als physische Tätigkeit betrachtet, wie Sokrates angeblich gesagt haben soll. »Manch hochgestelltem und mächtigem Mann fällt es schwer, sich vom Ackerbau fernzuhalten«, soll er nach Xenophon in dessen *Oikonomikos – Ein Gespräch über die Haushaltsführung* erklärt haben, »denn der Ackerbau stellt eine Verbindung zwischen einem Luxusgefühl und der tiefen Befriedigung über ein verbessertes Landgut her, während er zugleich die körperlichen Kräfte trainiert, wie sie einem Mann passen, der als freier Mensch agieren kann.«

Aristoteles war, wie viele seiner Schüler, auch empirischer Philosoph. Er gab sich nicht nur mit der Theorie zufrieden, sondern wollte auch eindeutige Beweise sehen. »Die aber infolge vieler rein logischer Argumentationen keine Betrachtungen über die Tatsachen anstellen, die[se] urteilen, weil sie nur auf Weniges ihren Blick richten, zu leichtfertig«, schrieb er in seiner Schrift *Über Werden und Vergehen*. Deshalb legte er wohl auch einen botanischen Garten an und ging seinen Studien im Freien nach. Sein Werk über biologische Klassifikationen war detailliert, gründlich und über Jahrtausende einzigartig, so dass Charles Darwin die bedeutenden Systematiker Linnaeus und Cuvier als »bloße Schulbuben im Vergleich zum alten Aristoteles« bezeichnete. Für den Philosophen war der Garten des Lykeion vermutlich eine Quelle für philosophische Stoffe ebenso wie für Analysen, Schlussfolgerungen und Vorträge – Exkursion und Laboruntersuchung in einem.

NATUR UND ZWEITE NATUR

Es gibt allerdings auch andere triftige Gründe für eine *Pleinair*-Tradition in der Philosophie. Der Garten ist nicht nur ein Ort des Rückzugs oder ein Ort für körperliche Betätigungen. Er ist auch für sich genommen geistig anregend, weil er eine Verschmelzung zweier bedeutender philosophischer Prinzipien bedeutet: Mensch und Natur. Das spiegelt sich bereits im Wort selbst und in seinen Bezeichnungen in anderen Sprachen wider, wie zum Beispiel »jardin« oder »giardino«. Wie der englische Begriff »yard« oder das deutsche Wort »Garten« beziehen sie sich auf das umfriedete Gelände. Zwei Dinge sind dabei elementar: *etwas* Umzäuntes (die Natur) und *jemand*, der den Zaun errichtet (der Mensch). Beginnend mit geweihten Hainen wie dem des Lykeion steht jeder Garten für diese Verbindung: Er ist eingefasste Natur, die vom Menschen verwandelt wird.

Was Gärten so einzigartig macht, ist, dass sich in ihnen diese Verschmelzung eindeutig zeigt. Natur wird regelmäßig und radikal vom Menschen verändert. Aristoteles verstand diese Veränderung als das eigentliche Wesen des Kunsthandwerks: das Potenzial der Natur erkennen, das sich allein aus sich selbst heraus so nicht entwickeln könnte. Doch in der Kunst und auch im Handwerk sind der Einfluss der Natur und die Verschmelzung von Natur und Mensch oftmals nicht auf den ersten Blick zu erkennen. Zum Beispiel wird aus Bäumen Nutzholz gewonnen. Erz wird zu Metall, Zooplankton und Algen werden erst zu Öl und dann zu Plastik. All diese Produkte sind natürlichen Ursprungs, aber Natur ist darin nicht mehr zu erkennen. Unter Natur verstehen wir Wildnis, Krankheit, geheimnisvolle Symbole – das ferne »Andere«. Und auch die menschliche Arbeit wird unsichtbar: Wir sehen Produkte und Dienstleistungen, aber nicht unbedingt die Menschen, die dahinterstehen. Im Garten wird diese doppelte Entfremdung überwunden, indem menschliche und natürliche Prozesse zusammenlaufen. Pflanzen und Steine bleiben erkennbar Pflanzen und Steine, wenn sie auch auf bestimmte Weise arrangiert, kultiviert und kunstvoll erhalten werden. Hier zeigt sich unsere besondere Beziehung zur Natur – was wir physisch und geistig aus ihr *machen*. Im Garten wird diese Realität, die gewöhnlich verborgen oder vergessen ist, zu einem eindrucksvollen Schauspiel, einer Inszenierung, einer Vorführung und Präsentation. Um mit Aristoteles zu sprechen, offenbart sich diese urwüchsige Beziehung in ihrem eigentlichen Kern in einem Garten: Es ist der Beweis unserer physischen und geistigen Verflechtung mit der Natur. Der Garten macht den vom Menschen geprägten Kosmos sichtbar und verständlich. Es ist eine Verschmelzung, die man sehen, spüren und denken kann.

Diese beiden Grundprinzipien – Mensch und Natur – sind philosophisch höchst interessant. Immer wieder laden sie zu neuen Überlegungen ein, da sich beide einer Festschreibung entziehen.

Das Wort »Natur« scheint uns trügerisch vertraut deshalb bleiben uns sein Facettenreichtum und auch seine Widersprüchlichkeit oft verborgen. Denn »Natur« kann sich auf die gesamte Wirklichkeit beziehen, auf physische Dinge und Gesetze, auch auf das Leben an sich, aber auch darauf, was dem Menschen leichtfällt und seiner Gewohnheit entspricht. Doch wie weit man den Begriff auch fasst, er bleibt schwer definierbar und ausgesprochen schillernd. Wie der Philosoph Heraklit bereits ein Jahrhundert vor Aristoteles' Geburt erklärte, verstecke sich die »Physis« gerne. »Physis« war der antike Begriff für »Natur« oder Naturbeschaffenheit, der sich heute in Wörtern wie »Physik« oder »physisch« niederschlägt. Die Natur versteckt sich insoweit, als wir alle sinnhafte Wesen sind, der Kosmos aber insgesamt nicht sinnhaft ist. In diesem Zusammenhang von »Gesetzen« zu sprechen, ist irreführend, weil das eine Art von kosmischem Gesetzgeber suggerieren würde, der bestimmt, wie die Dinge zu funktionieren haben. Die Natur läuft aber nach Mustern, Rhythmen und Regelmäßigkeiten ab, die der Philosoph Alfred North Whitehead zutreffend als »vorübergehende Gewohnheiten« bezeichnete. Sie kennt keine Gesetze und keinen Gesetzgeber – sie *ist* nur. Im Gegensatz zur Natur bezieht der Mensch hingegen immer Stellung hinsichtlich der Frage, was »ist« ist, bewusst oder unbewusst. So verstand Aristoteles die Natur zum Beispiel als eine Art Organismus, bestimmt von Wachstum und Bewegung. Platons Natur war eine göttliche Blaupause, Epikurs hingegen ein zufälliger Kampf von Atomen. In dieser Hinsicht ist Natur wie ein philosophischer Schwamm, der alle möglichen Interpretationen in sich aufsaugt.

Diese zu fassen, ist nie ganz möglich, weil jede Interpretation einseitig und von etwas abgeleitet ist. Außerdem gibt es immer *mehr* – etwas, das über unsere jeweiligen Konzepte hinausreicht. Teilweise von Heraklits Begriff der »Physis« angeregt, bezeichnete der deutsche Philosoph Martin Heidegger die menschliche Realität als »Lichtung«. Es ist typisch für Heidegger, eine so rustikal anmutende Metapher zu verwenden, was seiner griesgrämig antimodernen Haltung entsprach. Dennoch trifft sie Wesentliches. Als »Physis« taucht Natur für uns wie eine Lichtung in einem dunklen Wald auf. Gleichzeitig bleibt die Dunkelheit immer vorhanden, denn viele Aspekte der Natur entziehen sich unserer Wahrnehmung und Definition. Die Realität ist weniger eine Ansammlung von Axiomen oder Berechnungen als vielmehr ein urwüchsiges Hin und Her: Natur, die sich zeigt und verbirgt, die begegnet und die vergisst, die schafft und zerstört. Es gibt keine endgültige Definition darüber, was Natur ist – was »ist« ist.

Das ist auch der Grund dafür, warum der Mensch ein Rätsel bleibt. Unsere Existenz ist enigmatisch, weil die menschliche Natur nicht universell oder ewig ist und wir uns selbst nicht zu durchschauen vermögen. Es gibt für uns nicht nur die Natur, sondern auch die zweite Natur – die erste ist gegeben, die zweite antrainiert. Dennoch ist oft unklar und unvorhersehbar, was den Menschen ausmacht. Darauf verweist auch das Rätsel der Sphinx, das einem der wichtigsten antiken Dramen – Sophokles' *König Ödipus* – vorangestellt ist. »Der Mensch«, lautet die Antwort auf die Frage der Sphinx, was denn am Morgen auf vier Beinen, am Mittag auf zwei und am Abend auf drei Beinen gehe. Doch das ist eine irreführend einfache Erwiderung. Die Spezies Mensch besteht immer weiter, und doch sind wir ständig im Wandel begriffen. Als Individuen und als Gesellschaft sind wir nie fertig, sondern von immer neuen Aussichten und Richtungsänderungen bestimmt. Der arme Ödipus war trotz seiner Weisheit sich selbst gegenüber tragisch blind. Roberto Calasso in *Die Hochzeit von Kadmos und Harmonie* formuliert es so: »Die Sphinx verweist auf den undurchdringlichen Charakter des Menschen, dieses schwer fassbare, vielgestaltige Wesen, das nicht anders als schwer fassbar und vielgestaltig definiert werden kann. Ödipus sah sich zur Sphinx hingezogen, und er löste das Rätsel der Sphinx, doch nur um selbst zu einem Rätsel zu werden.« Das ist eine ausgesprochen moderne Schlussfolgerung, die an Nietzsche, Heidegger oder Sartre erinnert. Es ist ein Verdacht, der bereits aus der Zeit vor Aristoteles stammt und in den griechischen Dramen expliziter formuliert wurde als in der Philosophie: Der Mensch ist und bleibt eine Frage; er ist keine Antwort.

Diese beiden Rätsel, Natur und Mensch, finden im Garten zueinander. Deshalb hat der Garten auch aus philosophischer Sicht einen besonderen Stellenwert. In ihm vereinen sich kosmologische und existentielle Ideen, in ihm sind historische Kostbarkeiten angelegt, politische Gedanken, häusliche Rhythmen. Der Garten ist vermenschlichte Natur. Aber wir erkennen in ihm auch etwas jenseits von uns selbst: den Hinweis auf einen nicht menschlichen, nicht denkenden Kosmos, der sich einer bewussten Erschließung versperrt. Das »verborgene Leben« der Pflanzen ist außerhalb von uns, wie Aristoteles mit einer gewissen Verblüffung feststellte. Aber zugleich ist es auch Teil von uns, in uns – in Form von vagen, blinden Kräften des Instinkts, die der menschlichen Psyche natürliche Notwendigkeiten hinzufügen. Ebenso bedeutsam ist es jedoch, dass sich diese im Garten vertraut und umfassend zeigen. Trotz seiner hochfliegenden Gedankenspiele erkannte Aristoteles, dass der Mensch ein körperliches Wesen ist: Ideen entstehen häufig durch körperliche Inspiration und äußern sich auch physisch. Das ist doppelt der Fall, wenn sie eine organische oder ursprüngliche Form bekommen, wie die von Pflanzen oder Steinen. Der Garten gibt elementaren Konzepten eine vitale Dynamik oder auch einen großen Ernst.

Diese intellektuelle und sinnliche Reichhaltigkeit verleiht den Gärten noch immer einen Ruf der Heiligkeit. Viele religiöse Gebäude – von den »Wolfsgott«-Tempeln des Lykeion über buddhistische Klöster bis zu mittelalterlichen Kathedralen – haben Gärten. Das sind allerdings nur die auffallenderen Beispiele. Der sakrale Garten ist allerdings nicht nur ein theistisches oder spirituelles Phänomen. Er entspringt auch elementareren Impulsen: sich ein Stück der Landschaft anzueignen und es deutlich hervorzuheben. Das spiegelt sich auch in dem Wort »sakral« wider, das vom indoeuropäischen »sak« abstammt, was »trennen«, »abgrenzen«, »teilen« bedeutet. Das Gegenteil des Sakralen ist nicht das Säkulare, sondern das Gewöhnliche, von dem es sich abheben soll. In diesem Licht betrachtet ist der Garten einer der ursprünglichen sakralen Orte, dem Haine wie der des Lykeion vorangingen – ein von der reinen Natur oder vom rein Menschlichen abgegrenztes Gelände, das aber beides in sich vereint. Obwohl er säkular ist, symbolisieren seine Mauern, Zäune, Gräben oder Hecken eine Trennung vom »Alltagsdenken«. In anderen Worten: Der Garten ist eine Einladung zum Philosophieren.

FRÖMMIGKEIT UND KONFLIKT

Diese Einladung richtet sich nicht nur an professionelle Philosophen; schließlich ist das Nachdenken nicht ausschließlich Lehrstuhlinhabern vorbehalten. Beginnend mit den antiken Griechen steht die Philosophie in einer langen Laientradition, die sich ebenso in der Literatur, Poesie und bildenden Kunst wie in Philosophieseminaren niederschlägt. Dafür braucht es keine Universität, sondern vielmehr die richtige Ausgewogenheit zwischen Gesellschaft und Einsamkeit, die Universitäten im Bestfall ermöglichen. Wie Aristoteles' Lykeion stellt der Garten einen Begleiter für das Geistesleben dar. Ästhetisch richtet er sich nach unterschiedlichen Geschmäckern aus: farbenfroh oder gedämpft, geometrisch oder verschlungen, vielfältig oder streng. Wichtiger jedoch ist es, dass der Garten in einer Zeit der Beschleunigung, Reizüberflutung und ständiger Unterbrechung eine Chance liefert, zu entschleunigen, genau hinzusehen und kühn zu denken – ein Gegenmittel zur Ablenkung. »Dem Menschen«, schreibt Aristoteles in *Metaphysik*, »eignet bewusste Kunst und Überlegung.« Über zwei Jahrtausende später stellt der Garten noch immer ein Refugium für beides dar.

Gärten können schön sein, manchmal sogar überwältigend schön. Sie können trösten, beruhigen und moralisch aufrichten. Aber sie vermögen auch unangenehme Gefühle auszulösen beziehungsweise zu provozieren, was philosophisch gesehen oftmals wertvoller ist. Denn mit all ihren bekannten Themen – Ordnung und Chaos, Wachstum und Verfall, Stillstand und Bewegung – verweisen Gärten auf Konflikte: auf die gedankliche Zerrissenheit in jeder Zivilisation und jedem zivilisierten Geist. Deshalb gehören zur Geschichte des Gartens auch die unterschiedlichsten Charaktere mit sich widersprechenden Empfindsamkeiten. Jane Austen suchte in ihrem Cottagegarten beruhigende Vollkommenheit. Leonard Woolfs gefrorene Apfelbäume verwiesen auf das genaue Gegenteil – eine Kostprobe der gefährlichen Grausamkeiten in der Welt. Für Marcel Proust, der in seinem modrigen, nach Latrine stinkenden Schlafzimmer festsaß, symbolisierten drei

Bonsaibäumchen eine Suche nach der verlorenen Zeit. Friedrich Nietzsches italienischer Gedankenbaum hingegen gab dem kränklichen Philosophen einen Schub für mehr Kraft und Mut: Vergiss die Vergangenheit, mach weiter, schaffe und zerstöre. Die als skandalös geltende französische Schriftstellerin Colette wiederum entdeckte in Rosen Momente friedlicher Kontemplation, während eine Generation später ihr kaffeehausbesessener Landsmann Jean-Paul Sartre den Ekel beschrieb, den ein Kastanienbaum auszulösen vermochte – ein existentialistischer Aufschrei, der seine Zeitgenossen mitten ins Mark traf. Durch Gärten kann demnach die Wahrheit philosophischer Uneinigkeit leichter ans Licht befördert und schlechter ignoriert werden. »Ist es doch heilige Pflicht, die Wahrheit höher zu achten«, schrieb Aristoteles in der *Nikomachischen Ethik*, »als die Freunde«. In diesem Sinne ist das vorliegende Buch keine Reise durch große Anwesen, sondern durch große Geister und die Gärten, die sie so schätzten (manchmal aber auch hassten). Es ist kein philosophisches Werk, sondern ein Porträt einiger ausgewählter philosophischer Leben. Der Einblick, den wir in sie gewinnen, wird uns hoffentlich die zunehmende Vertrautheit mit der Natur, dem menschlichen Wesen und ihrer geheimnisvollen Verbindung im Garten vor Augen führen.

JANE AUSTEN:
DER TROST VON CHAWTON COTTAGE

*Ich fühle mich ausgesprochen gesund und arbeite viel
im Garten.*
  Jane Austen: Brief an Anna Austen, Juli 1814

Lasst uns im Luxus des Schweigens schwelgen.
  Edmund Bertram in Jane Austens *Mansfield Park*

Es ist ein Morgen im Mai 1811 in der englischen Grafschaft East Hampshire. Jane Austens Orleans-Pflaume blüht. An ihre Briefe und Schilderungen ihrer Verwandten denkend male ich mir die Schriftstellerin aus, wie sie an ihrem Lieblingsplatz sitzt: in der Nähe der Haustür, an einem kleinen zwölfeckigen Tisch aus Walnuss, auf winzigen Papieren schreibend. Sobald die Tür knarzt, werden die Seiten schnell versteckt. An diesem Tag lässt ihre Familie ihr die Ruhe, auch wenn es um sie herum nicht still ist. Seite um Seite füllt sich mit ihrer winzigen Handschrift: eintauchen, über dem Blatt schweben, schreiben, durchstreichen, kratzen, wieder eintauchen. Sie arbeitet schnell, weil sie wenig freie Zeit hat, und konzentriert sich so gut es geht. Sie besitzt kein eigenes Studierzimmer. Immer wieder legt sie den Federkiel beiseite und stellt sich Szenen vor: wie Fanny Price vor dem Draufgänger Henry Crawford zittert oder sich über die Unschicklichkeit des Theaters aufregt. Dann nimmt sie die Feder wieder zur Hand und beginnt erneut zu schreiben. Irgendwann werden die Geräusche des Kochens, Putzens und Redens im Haus zu laut. Die Handlungen und Nebenhandlungen ihres Romans kommen ins Stocken. Die klappernden Töpfe und das Geplauder der Bediensteten stören sie, und ihre Augen schmerzen. Genug. Austen steckt den Federkiel ins Tintenfass und läuft in den Garten von Chawton Cottage hinaus.

Sofort ist sie dem engen kleinen Salon entflohen. Die Luft ist frischer, das Licht heller. Man kann sich frei bewegen. Wie Austen in ihren Briefen schildert, genießt sie den Anblick der strahlend weißen Blüten des Orangenjasmins und seinen schweren, süßen Duft. Die Pfingstrose, neu aus Asien übergesiedelt, blüht erneut. Was Austen nicht sieht, das stellt sie sich vor: Nelken, süße Williams-Birnen, Akeleien und fleischige Pflaumen. Sie schlendert langsam umher, schaut sich alles an, atmet tief ein. Aber nicht lange. Nachmittags muss sie wie immer Besorgungen machen und häuslichen Pflichten nachkommen. Ihr unvollendetes Manuskript lockt sie in den Salon zurück. Doch wenn sie wieder ins Haus tritt, mit dem für sie charakteristischen entschlossenen Schritt, hat ihr der Garten bereits geholfen. Jane Austen kehrt erfrischt zu ihrer winzigen Arbeitsstelle zurück – erfrischt nicht durch Bücher oder Klatsch (was es im Haushalt beides in Hülle und Fülle gibt), sondern durch eine kurze Zeit der Erholung unter den Obstbäumen von Chawton, dem gemähten Rasen und den importierten exotischen Pflanzen.

Auf diese Weise arbeitend schrieb Jane Austen ihre letzten

drei Romane innerhalb von circa vier Jahren. Es sind drei der beliebtesten Bücher der englischen Literatur: *Mansfield Park*, *Emma* und *Überredung*. Trotz Krankheiten, häuslicher Pflichten und den bittersüßen Beziehungen zu ihrer Familie schrieb Austen unbeirrt an ihrem winzigen Tisch und schuf dort die unvergleichlichen Figuren ihrer Romane.

GRELLE HELLIGKEIT

Jane Austen war nicht immer so produktiv. Ohne einen Garten litt ihr Schreiben. Im Dezember 1800, im Monat ihres fünfundzwanzigsten Geburtstags, hörte sie mehr oder weniger für ein Jahrzehnt mit dem Schreiben auf. Sie verfasste natürlich weiterhin Briefe – vielleicht Tausende, auch wenn heutzutage nur noch eine Handvoll erhalten ist. Doch ihre Romane blieben fast völlig unberührt. Sie verkaufte *Lady Susan* an einen kurzsichtigen Verleger, der ihn in eine Schublade steckte (und für 10 Pfund zu seiner Geisel machte). Sie versuchte sich an einem neuen Roman mit dem Titel *Die Watsons*, doch die düstere, bittere Geschichte entwickelte sich nicht weiter. Von 1800 bis 1809 verschwanden Austens Bücher aus dem öffentlichen und privaten Bewusstsein. Die Frau, die von dem Literaturkritiker F. R. Leavis als »die erste moderne Romanautorin« bezeichnet wurde, schrieb kaum mehr ein Wort.

Hinter Jane Austens schriftstellerischem Verstummen stand ein Wort mit vier Buchstaben: Bath. Im Dezember 1800 erklärten ihre alten Eltern, dass sie sich aus dem aktiven gesellschaftlichen Leben zurückziehen wollten. Hochwürden Mr. George Austen und seine Frau Cassandra sowie ihre unverheirateten Töchter Cassandra und Jane zogen an die Westküste Englands, nach Bath. Früher einmal ein römisches und später ein englisches Bad, galt Bath zur Zeit König Georges V. als neuester, hochmodischer Urlaubs- und Kurort. Aristokraten und Reiche kamen hierher, um ins Meer und die heißen Quellen zu tauchen und sich dem Klatsch in der Wandelhalle hinzugeben. Architektonisch und archäologisch betrachtet war die Stadt ausgesprochen spannend. Römische Ruinen und Artefakte standen neben großen neuen Hotels und Geschäften, die aus dem für die Gegend typischen Stein errichtet worden waren. Baths städtische Bauten waren von einer lieblichen Landschaft umgeben, wohin man jederzeit zu kleinen Spaziergängen aufbrechen konnte – unter anderem in Prior Park, in dem es auch eine Grotte, eine palladianische Brücke und ungezähmte Natur gab. »Bath ist der schönste Ort auf Erden«, schrieb Dr. Johnsons Biograf, der oftmals betrunkene Schürzenjäger James Boswell, »weil man seine Gesellschaft und Spazierwege ohne Anstrengung oder Ermüdung genießen kann.« Für viele war Bath ein pulsierender, schöner Ort, der modernen Komfort und Unterhaltungsmöglichkeiten bot, und zwar ohne Londons Schmutz und Zersiedlung.

Jane Austen hätte Bath vielleicht als Besucherin auch geschätzt. Doch als Anwohnerin hasste sie die Stadt. Selbst in der Sonne erschien sie ihr hässlich. »Der erste Anblick von Bath in gutem Wetter hielt meinen Erwartungen nicht stand«, schrieb sie an ihre Schwester in ihrem ersten Jahr in der neuen Umgebung. »Ich glaube, ich sehe klarer durch den Regen hindurch.« Sie mochte weder die ständig stattfindenden Bälle und Feste noch die kokette Stimmung in der Stadt oder den hellen Stein der Häuser (den sie in *Überredung* als »grelle Helligkeit« bezeichnete).

Selbst wenn Bath tugendhaft und ruhig gewesen wäre, hätte doch immer eine Sache nicht gestimmt: Es war nicht *ihre* Heimat im ländlichen Hampshire, mit *ihrem* eigenen Garten. Es war nicht Steventon, wo sie geboren und aufgewachsen war und wo ihre ersten drei Romane entstanden waren. Abgesehen von zwei kurzen, schmerzhaften Unterbrechungen in Internaten hatte Austen ein Vierteljahrhundert – in anderen Worten, ihr ganzes Leben – in Steventon verbracht. Steventon war ein kleines Dorf, umgeben von Feldern und Äckern, wo etwa dreißig Familien mit den üblichen Hühnern, Kühen, Pferden, Schafen und Schweinen lebten. Janes Vater George war der Dorfpfarrer sowie Lehrer der meisten ortsansässigen Jungen (unter anderem auch von fünf Brüdern von Jane). Obwohl sie sich anfangs auf die »Betriebsamkeit« nach dem Umzug an die Westküste und die Vorstellung eines Lebens am Meer freute, verspürte sie doch immer auch ein Gefühl des Verlusts.

Das ländliche Hampshire war sicherlich kein Arkadien. Es konnte dort eiskalt, einsam und langweilig sein. Zweifelsohne engten das Dorf und seine isolierte Lage Austens ausgeprägte Imagination auch immer wieder ein. Ehe sie wegzog, schrieb sie an Cassandra, dass sie das dörfliche Dasein als ermüdend erlebte. Doch das klang eher ironisch oder übertrieben draufgängerisch und nicht wie eine ernst gemeinte Klage. Steventon war ihre Heimat und ihr Urbild für ein kultiviertes, vornehmes Leben. Die Vertrautheit, Luftigkeit und der häusliche Rhythmus waren für ihr Wohlbefinden elementar. »Die gleichen Pflichten im Haushalt und die täglichen Spaziergänge im Garten … die gleichen Geräusche und die gleiche Stille«, schrieb ihre Biografin Claire Tomalin, »all diese regelmäßige Gleichheit schufen ein sicheres Umfeld, in dem ihre Fantasie gedeihen konnte.«

Ein Teil von Jane Austens schriftstellerischem Verstummen ist also bestimmt auf den Schock zurückzuführen, auf einmal und unwiederbringlich ihrer Geborgenheit beraubt worden zu sein. Dabei war sie an Veränderungen gewöhnt: an Reisen, unerwartete Trauerfälle und an die unsichere wirtschaftliche Lage ihrer Eltern. All das ertrug sie mit dem für sie typischen stoischen Gleichmut. Doch Steventon stellte eine konkrete und vertraute Konstante dar – nach den vielen Reisen stets ein Wissen um Heimat. Die Landschaft, die Nachbarn, das Wetter. Die vertrauten Spaziergänge, Besuche und Unterhaltungen. Der komplexe Knoten der Identität, der einen Ort zusammenhält. Nichts davon fand sich im vornehmen, modernen Bath. Das neue Reihenhaus der Austens war groß, komfortabel und vom pulsierenden Zentrum der Stadt genügend weit entfernt. Doch es war nicht Hampshires ländliches Pfarrhaus, und es gab auch keinen vertrauten Garten, in den sie immer wieder einmal entfliehen konnte.

Während sich Austen mit Reisen, gesellschaftlichen Verpflichtungen, Baden oder ihren Aufgaben als »Tante Jane« beschäftigte, verlor sie in Bath ihre Stimme. Sie hatte sie in Steventon zurückgelassen, wo nun ihr ältester Bruder James und dessen zweite Frau Mary (die Jane nicht mochte) lebten. Ihre Briefe, die früher einmal so lebendig gewesen waren, zeigen die Schriftstellerin nun als ernüchtert, wenn nicht sogar depressiv.

FLIEDER IN SOUTHAMPTON

Mit der Wiederkehr eines eigenen Gartens kehrten auch Austens charakteristische Kraft und Produktivität zurück. Im Jahr 1806 zog sie mit ihrer verwitweten Mutter und der Schwester in ein neues Zuhause: Castle Square in Southampton an der Küste von Hampshire. Neben den üblichen spitzen Bemerkungen und Schilderungen des Alltags sind einige von Austens Briefen voll der Begeisterung für die Landschaft. Sie ist wieder auf heimatlichem Boden, zwar noch immer larmoyant und mürrisch, aber wieder deutlicher in sich ruhend.

Im Februar des folgenden Jahres schickte sie Cassandra einen langen Brief, von dem sie hoffte, dass er auf Interesse stoßen würde. »Ich bilde mir ein, Dir einen mehr oder weniger klugen Brief verfasst zu haben«, schrieb Austen am Schluss, »wenn man bedenkt, wie wenig Material mir zur Verfügung steht. Aber – wie mein geschätzter Dr. Johnson – glaube auch ich, dass ich mehr mit Ideen als mit Tatsachen hantierte.« Den Großteil des Briefes füllte sie natürlich mit den üblichen Klagen. Sie beschwerte sich darüber, dass Cassandra so lange brauchte, um nach Southampton zurückzukehren. Sie ließ sich darüber aus, dass *andere* Leute Babys bekamen und sich Liebhaber nahmen – nicht sie. Sie nörgelte über Seezungen (beziehungsweise deren Abwesenheit auf dem Markt). Und sie bemäkelte den Verlust der Schüchternheit in England, die durch Selbstbewusstsein ersetzt worden sei. Austens Briefen haftet oft etwas von Monty Python an – als würde sie jederzeit eine Bemerkung wie diese loslassen können: »Ihr hattet Fisch? Welcher Luxus. Wir mussten mal wieder Kohlestücke salzen und das Kabeljau nennen.«

Doch zwischen all dem Ächzen und Stöhnen findet sich auch ein wunderbarer Absatz. Er zeichnet sich durch eine stille Begeisterung aus, die in so vielen ihrer Briefe aus Bath fehlte – durch eine Verspieltheit ohne jeglichen Anflug von Zynismus oder Nüchternheit, was auf einen wirklichen Stimmungswandel hinweist. In dem Absatz schildert Austen den Garten von Castle Square und bietet so einen fesselnden Blick auf ihr Innenleben. Es lohnt sich, die Autorin (wie sie sich selbst nannte) hier ausführlich zu zitieren.

> Unser Garten wird von einem Mann in Ordnung gehalten, der sich durch ein bemerkenswert gutes Wesen auszeichnet, eine angenehme Gesichtsfarbe hat und etwas weniger verlangt als der erste. Die Büsche, welche den Kiesweg säumten, sagt er, seien nur Heckendornen und Rosen, die Letzteren dabei von mittelmäßiger Qualität. Wir sollten sie durch ein paar bessere ersetzen, und auf meinen Wunsch hin wird er uns auch Flieder besorgen.

Ich kann nicht ohne Flieder leben, schon um Cowpers Gedichtzeile willen. Wir überlegen auch, einen Goldregen zu pflanzen. Die Rabatte unterhalb der Terrasse wird freigeräumt, um Platz für Johannisbeeren und Stachelbeeren zu schaffen, und eine andere Stelle wurde als sehr geeignet für Himbeeren erklärt.

Jane Austens unverstellte und ehrliche Begeisterung für den Garten ist anrührend. Es fehlt die sonst für sie typische Ironie oder Verurteilung. In ihre Zeilen über den Flieder webt sie mühelos William Cowpers Gedicht (»Goldregen, üppig/ In fließendem Gold, Flieder, elfenbeinrein«) in das Entzücken über ihr eigenes Grün ein. Es wirkt alles freudig und unkompliziert. Wenn sie vom Ruf von Castle Square als dem Haus »mit dem besten Garten in der Stadt« schreibt, ist ihr Stolz fast mit Händen greifbar.

Dieser Tonfall von Leichtigkeit und Freude zeigt sich auch in späteren Briefen, als Jane Austen schließlich in ihrem letzten Haus, Chawton Cottage, lebte und an den letzten Romanen arbeitete. Ehe sie in das Haus umzog (das sie vorher noch nie gesehen hatte), schilderte sie ihrem Bruder das Grundstück in einem Brief. »Welche Art Küchengarten gibt es dort?«, wollte sie wissen und verband mit der Frage die nach der häuslichen Ökonomie und ihrem persönlichen Interesse. Man sprach vor dem Einzug auch davon, den Rasen »zu stutzen«. Im späten Frühling 1811 schrieb Austen, nachdem sie sich ein wenig eingelebt hatte, an Cassandra in Kent und schilderte ihr Leben in Hampshire. Neben Neugeborenen, Krankheiten, umstrittenen Ehen und dem Wetter skizzierte sie die Veränderungen, die sie im Garten sah. Die Blumen blühten prächtig, doch Cassandras Reseda aus Kent sah »erbärmlich« aus (Jane Austen verglich sich häufig mit ihrer Schwester – zum einen weil ihr Cassandra fehlte und zum anderen vielleicht, weil sie auf ihren eigenen grünen Daumen stolz war). Die Pflaumen entwickelten sich, und Cowpers Flieder – in Chawton ebenso wieder wie in Southampton gepflanzt – standen kurz vor der Blüte. »Unsere jungen Pfingstrosen am Fuße der Fichte stehen gerade in Blüte und sehen sehr hübsch aus«, schrieb sie, »& die ganze Zierborte wird schon bald mit Federnelken und Bartnelken erstrahlen, neben den Akeleien, die jetzt schon erblüht sind.« Dann kehrt sie zu den Reisen der Familie, der Gesundheit und den Frühlingsstürmen zurück.

Drei Jahre später, als sie im Haus ihres Bruders Henry in London ist, wird Austen erneut von einem Garten begeistert. Im Jahr 1813 lag Hans Place in einem ländlichen Vorort von London, der allerdings keineswegs provinziell war. Es gab dort große Häuser, eine gute Schule und modische Gärten, alles in Fußläufigkeit zur Londoner Innenstadt (Jane Austen spazierte dorthin, um ihre Einkäufe zu erledigen). Henry Austens Wohnsitz war kein Palast mit einem großen Park, aber weitläufig genug (er war damals ein erfolgreicher Bankier). Seine Schwester kommentierte die Größe des Hauses sowie seine Behaglichkeit, um dann schlicht hinzuzufügen: »Der Garten ist ziemlich wunderbar.«

Wie häufig bei Austens Privatleben ist auch diese Bemerkung kaum mehr als ein vager Hinweis auf eine tiefergreifende Vorliebe und Freude. Es ist schwer einzuschätzen, wie viel ihres Entzückens der Tatsache geschuldet war, dass sie Bath hatte verlassen können – es also weniger darum ging, wo sie war, als mehr darum, wo sie gerade *nicht* war. Dennoch stellt sich bei dem Leser ihrer Briefe echte Erleichterung ein, Jane Austen einmal tatsächlich glücklich und beschwingt zu erleben. Trotz seiner Wechselhaftigkeit zeichnet sich das Leben durch Stimmungen aus – Themen und Schattierungen, welche die Jahre färben. Die Stimmung von Jane Austens Jahren in Bath kann ebenso wie die ihrer Zeit als Kind im Internat nur als resignierte Unzufriedenheit bezeichnet werden. Doch mit den Gärten in Castle Square, Hans Place und Chawton Cottage entstand schlichte Begeisterung – als ob Austen nicht länger dazu gezwungen wäre, ihre sinnliche und von Fantasie geprägte Freude zu unterdrücken.

Deshalb stechen ihre Zeilen in Chawton über den Flieder und den Goldregen auch so hervor. Neben ihren üblichen Frustrationen und Auflistungen häuslicher Pflichten schleicht sich ein geradezu heiterer Tonfall ein. Wenn wir lesen, wie Austen die kalt gewordenen Topfpflanzen ihrer Schwester in den warmen Salon bringt, erleben wir ein stilles, häusliches Glück – die Rhythmen und Gesten, die das tägliche Leben formen. Und wir wissen, dass Austen diese beschaulichen Erledigungen mit der Liebe ihres Lebens verbindet: dem Schreiben. Es ist ein wichtiger Hinweis auf die Prioritäten, die sie in ihrem Leben setzt. Sie liebte die Disziplin des Schreibens, verstand aber auch den Garten als etwas für ihr Wohlbefinden Lebensnotwendiges. Er hob ihre Stimmung und half ihr, produktiv zu sein. Aber wie?

IN HÖCHSTER AUFREGUNG

Ein guter Ausgangsort, um diese Frage zu beantworten, sind ihre Romane. Eine Warnung jedoch: Austen war *nicht* wie ihre Heldinnen. Sie war nicht die »junge Dame«, die Sir Walter Scott in ihren Protagonistinnen sah. Es passiert schnell, Autor und Figur zu vermischen – vor allem wenn es sich bei beiden um intelligente, unverheiratete vornehme Frauen mit bescheidenem Auskommen auf dem Land handelt. Aber Austen veröffentlichte sechs Romane in ihrem Leben, und keine ihrer Heldinnen lässt sich so recht mit ihr vergleichen. Sie besaß Elizabeths scharfe Zunge, aber nicht ihren Mut in Gesellschaft; Elinors Verstand, aber nicht ihre lähmende Vorsicht; Catherines Liebe zur Literatur, aber nicht ihre Faszination für Schauerromane; Fannys Religiosität, aber nicht ihre Hochnäsigkeit; Emmas Neugier für Kuppeleien, aber nicht ihre Dünkelhaftigkeit; Annes Einsamkeit, aber nicht ihr spätes Liebesglück. Kurz gesagt stellte sich Jane Austen weder in *Stolz und Vorurteil* noch in *Überredung* selbst dar, denn kein Selbst besteht nur aus einer einfachen Satzkonstruktion oder auch einem Abschnitt.

Doch diese Figuren kamen *irgendwoher* – sie wurden nicht nackt und schon mit allem ausgestattet geboren, sondern mussten wie Erz aus dem Berg geborgen, bearbeitet und poliert werden. Austen war nicht Anne Elliot mit ihrem eitlen Vater, dem Baronet, oder einer geistlosen älteren Schwester – aber sie kannte sich mit Unterdrückung, Enttäuschung, Stolz und Langeweile aus, weshalb sie sich auch Annes Leben vorzustellen vermochte. Das Gleiche gilt für ihre anderen Romane. Sie spiegelten alle Austens Erfahrungen wider, die sie jedoch fintenreich umgestaltete. Sich das vor Augen zu halten ist hilfreich, um nicht zu vergessen, dass die zurückgezogen lebende Autorin mit ihren vielen verbrannten Briefen stets auch ein wenig in ihren Büchern zu entdecken ist. Ihre Romane lassen die Vorstellungen und Ideen erkennen, welche ihr Schreiben und ihr Leben prägten – wozu auch ihre Begeisterung für den Garten in Chawton gehörte.

Ein gutes Beispiel hierfür findet sich in dem weltweit beliebtesten Roman Austens, in *Stolz und Vorurteil*. Sie schloss im Alter von zweiundzwanzig Jahren eine erste Version unter dem Titel *Erste Eindrücke* ab. Was sie damals davon hielt, ist nicht überliefert. Sie war sicherlich selbstbewusst genug, doch das sagt nicht viel. Über fünfzehn Jahre später, nachdem der Roman im Januar 1813 von Thomas Egerton verlegt worden war, hegte Austen jedenfalls gemischte Gefühle. Wie die meisten Janeites mochte auch sie ihre Heldin Elizabeth Bennet. »*Ich* halte sie für die wunderbarste Kreatur, die jemals in Druck erschien«, erklärte Austen ihrer Schwester Cassandra im Monat der Veröffentlichung, »& wie ich diejenigen ertragen soll, die *sie* nicht zumindest mögen, habe ich nicht die geringste Ahnung.« Was die Vorzüge ihres Buchs im Ganzen betraf, war sie allerdings nicht ganz so entspannt. Sie wusste um seine Verve und seinen Charme, doch hielt sie es auch für unseriös und fand, dass es zu wenig Kontraste zeigte. »Das Buch ist etwas zu leicht & hell & funkelnd«, stellte sie ihrer Schwester gegenüber fest. Dennoch hielt sie es für wert, veröffentlicht zu werden. Auch wenn es anonym erschien (als Autorin wurde »Eine Dame« genannt), so war es doch mit allen seinen Stärken und Schwächen ihr Werk.

Austen hatte damals nicht die leiseste Ahnung – weder als

zweiundzwanzigjährige Anfängerin mit einem frisch verfassten Manuskript noch als zum ersten Mal veröffentlichte Schriftstellerin –, dass *Stolz und Vorurteil* zu einem der berühmtesten Romane in der englischen Sprache werden sollte. Er stand an erster Stelle an der UNESCO-Umfrage mit dem Titel »Bücher, ohne die man nicht leben kann« für den Welttag des Buches und ist ein zuverlässiger Gewinnbringer für viele Verlage (2002 stand Austen in der Verkaufsrangliste vor Grisham). Was der amerikanische Autor William Dean Howells 1901 schrieb, stimmt auch heute noch. »Die Geschichte von *Stolz und Vorurteil* hat in den letzten Jahren ... immer mehr eine wahre Kultgemeinde gewonnen«, erklärte er in Harper's Bazaar. »Die Leser von Jane Austen«, fuhr er fort, wobei er sich selbst dazu zählte, »sind meist zugleich auch ihre Bewunderer: Sie ist eine Leidenschaft und ein Credo, wenn nicht sogar eine Religion.« (Vielleicht wird es bald von Richard Dawkins das Buch *Der Austenwahn* geben.)

Die Gründe für die anhaltende Faszination des Buches sind natürlich vielfältig. Es liegt sicherlich unter anderem am Witz und dem intelligenten Charme der Heldin, an der beißenden Ironie der karikaturenhaft gezeichneten Charaktere, an der eleganten Prosa und der konfliktreichen, immer wieder zu Frust führenden Leidenschaft zwischen Lizzy Bennet und Fitzwilliam Darcy – zusammen mit der heutigen Begeisterung für Zylinder, buschige Koteletten und hochtaillierte Kleider. *Stolz und Vorurteil* fehlen psychologische Nuancen, doch als Satire, Liebesgeschichte und manchmal auch als scharfzüngiger Sittenroman ist es eine Sensation.

Zu dieser Strahlkraft von *Stolz und Vorurteil* tragen nicht zuletzt die zentralen Szenen bei, die sorgfältig inszeniert sind und der Geschichte ihre dramatischen Wendepunkte verleihen: zum Beispiel der Ball auf Meryton, Mr Darcys erster Antrag oder Lizzys Konfrontation mit Lady Catherine de Bourgh. Einer der eindringlichsten ist Elizabeth Bennets Besuch in Pemberley, dem Familiensitz von Mr Darcy (allseits bekannt auch als Heimat von Colin Firths nassem Hemd). Vor allem der Garten des Anwesens – von Mrs Gardiner, Lizzys Tante, als »entzückend« beschrieben – ermöglicht Lizzy eine Gelegenheit zum Nachdenken.

Alle Austen-Begeisterten kennen die Geschichte, und doch lohnt es sich, sie noch einmal genauer unter die Lupe zu nehmen. An einem schönen Nachmittag in Derbyshire ist Elizabeth Bennet aufgeregt und angespannt zugleich. Die junge Dame aus der Provinz fährt mit Onkel und Tante in einer offenen Kutsche nach Pemberley, dem eindrucksvollen Familiensitz der Darcys. Im Vorfeld tat sie so, als würde sie der Ausflug wenig berühren. Niemand weiß bisher von dem ungeschickten Heiratsantrag, den ihr Mr Darcy machte, weshalb Mr und Mrs Gardiner auch keine Ahnung haben, dass sie sich »in höchster Aufregung« befindet. Gleichzeitig versucht sie, sich innerlich zu distanzieren. Darcy ist reich, intelligent, gutaussehend und adelig, doch sein Stolz und seine Verachtung für ihre Familie haben sie zu Recht empört. Er hatte sich über Lizzys Aussehen mokiert und sie mit seinem selbstgefälligen Heiratsantrag beleidigt. »Wie können Sie erwarten«, hatte er sich erzürnt, »dass ich mich über Ihre minderwertigen Verbindungen freuen würde?« Was noch schlimmer war: Er hatte das Glück ihrer Schwester mit seinen Einmischungen bedroht. Für Lizzy und ihre Familie stellte der große Mr Darcy einen hochnäsigen Ewiggestrigen dar.

Doch Stück für Stück wandelt sich Elizabeths Entschlossenheit. Selbst während sie noch über Darcys »Stolz und Unverschämtheit« schimpft, findet sie allmählich Gefallen an ihm. Er ist ehrlich, direkt und – wie sie bald erfährt – wirklich gütig. Die beiden verbindet ein wacher Geist, Eloquenz und Abscheu vor Vulgärem. Trotz ihrer Bedenken fängt sie an, ihn faszinierend zu finden. Natürlich will sie ihn nicht treffen, sondern spaziert wie eine anonyme Besucherin auf seinem Anwesen herum (»Allein die Vorstellung ließ sie erröten.«). Doch er ist wahrscheinlich sowieso nicht zu Hause, weshalb sie nachher ruhig überall umherstreifen kann, ohne Angst haben zu müssen, dass er sie entdecken könnte – zumindest glaubt sie das. Als sie sich Pemberley nähern, hält Miss Bennet den Atem an. Die Kutsche fährt langsam und gemächlich in einen Laubwald hinein.

Eine Weile lang fahren sie bergaufwärts, wobei die Eichen und Ulmen über die Kutsche einen Bogen spannen. Ich stelle mir vor, dass die Bäume Hunderte von Jahren alt sind. Hochwachsende, dicke Äste mit üppigem Laub. (»Ein schöner Wald, der sich über eine große Fläche erstreckte.«) Auch wenn es in dem Wald kühl ist, bricht vielleicht immer wieder Sonnenlicht durch die Blätter. Von Zeit zu Zeit zeigen sich zwischen dem Laub kleine Szenen: eine klare, reine Verbindung zwischen Gras und Wasser oder ein klassizistischer Tempel. Nach einer langen Fahrt erreichen sie schließlich den obersten Punkt des Waldes und halten auf einer Lichtung an. Es ist atemberaubend, und Elizabeth ist wie ihre Tante »entzückt«. Pemberley House steht in höheren Lagen auf der anderen Seite eines breiten Bachs und vor bewaldeten Hügeln. In einem Teich tummeln sich die Fische, und Schwäne zieren die Wasseroberfläche. Der hügelige Park macht den Eindruck einer natürlichen Landschaft, doch er war subtil gestaltet – kunstvoll, vornehm und ruhig-heiter. »Sie hatte noch nie einen Ort gesehen«, schrieb Austen, »für den die Natur mehr getan hatte oder wo die natürliche Schönheit so wenig durch unbeholfenen Geschmack gestört wurde.« Das ist es, was sie zumindest teilweise dazu veranlasst, ihre Meinung über Darcy zu ändern. Im Garten sieht sie Darcys Seele: umfassend, facettenreich und doch eine Einheit. Während die Schönheit des Parks etwas in ihr auslöst und auf einmal Gefühle für Darcy in ihr wachruft, ist der Geist unserer Heldin klar und ruhig. Es fällt ihr wie Schuppen von den Augen. »In diesem Moment spürte sie«, schrieb Austen, »dass es doch etwas sein könnte, Herrin von Pemberley zu sein!«

Es ist eine gut erzählte Geschichte, und Austen ist brillant im Aufbau der dramatischen Spannung. Wesentlicher jedoch ist, was die Autorin in dieser Szene *nicht* tut. In Anbetracht von Lizzys unverblümter, wortgewandter Art hätte man einen Monolog der Hauptprotagonistin erwarten können – ein ausführliches Lob mit jedem georgianischen Detail von Pemberleys Pracht. Natürlich war Elizabeth genauso wenig wie Austen eine Romantikerin. Doch schließlich handelt es sich um Eliza Bennets große Pemberely-Epiphanie. Wäre da nicht ein wenig Überschwang angebracht gewesen?

Doch davon zeigt sich nicht die leiseste Andeutung. Trotz ihrer »höchsten Aufregung«, wie Austen den Zustand nannte, verliert Lizzy diesbezüglich kein Wort. Dieses Schweigen ist für die Autorin allerdings keineswegs ungewöhnlich und auch kein einmaliger dramatischer Kniff. Wie bewusst er eingesetzt wird, zeigt sich zum Beispiel im Vergleich mit dem größten

Narren aus *Stolz und Vorurteil*, mit Mr Collins. Elizabeths salbungsvoller Cousin ist ebenfalls Gartenliebhaber. Den frisch vermählten Pastor zeichnet ein großer Stolz auf sein Pfarrhaus aus – auf dessen Ordentlichkeit, dessen Nähe zum Anwesen seiner Gönnerin und auf dessen gepflegten Garten. Doch statt all diese Vorzüge still zu genießen, erweist sich Mr Collins als laut, weitschweifig und pedantisch. Er hört einfach nicht auf zu reden. Er zählt die Bäume, misst die genaue Länge der Spaziergänge und lässt sich über jede gärtnerische Einzelheit ausführlich aus. »Jeder Ausblick«, schrieb Austen, »wurde mit einer Genauigkeit analysiert, dass die Schönheit dabei völlig verloren ging.« Er giert fast danach, von seinen Besuchern für seinen Garten gelobt zu werden, in dem er so viele Tage verbringt (»eine seiner ehrbarsten Beschäftigungen«). In dieser Hinsicht ist der Garten ein Ersatz für Collins, für seine Ambitionen und Erwartungen. Es ist ein hübscher Garten – »groß und gut angelegt«, wie die Autorin hinwies. Doch Collins' Geschwafel verdeckt die Schönheit, genauso wie die Eitelkeit und Unterwürfigkeit des Geistlichen seine besseren Qualitäten überlagern. Trotz Oxbridge-Studium und gesellschaftlichem Ansehen untergräbt Collins' Geschwätz seinen gärtnerischen Erfolg und lässt ihn wie einen Idioten aussehen.

Mit diesem Kontrast zwischen dem Schweigen der Heldin und dem ständigen Gerede des Pastors liefert Austen einen faszinierenden Hinweis auf ihr philosophisches Interesse am Garten. Es ist die stille, meditative Jane Austen, die sich entschlossen um die Blumen in Castle Square und Chawton kümmert, pflichtbewusst Blumentöpfe umstellt, Cowpers Goldregen bestellt oder Johannisbeeren und Stachelbeeren pflückt. Es ist eine Herangehensweise, die sich durch stille Arbeit und

Träumereien auszeichnet und nicht durch Klatsch und lästige Routine. Und Austen verstand dieses Schweigen ganz offenbar als wertvoll.

DER UNFEHLBARE POPE

Um das Schweigen in Pemberley besser zu verstehen, hilft es, etwas mehr über Austens philosophische Anschauungen zu erfahren – über die Ideen und geistigen Bewegungen, die sie inspirierten. Die Romanautorin war weder eine Gelehrte noch eine Pamphletistin. Aber sie war eine ungeheure Leserin. Man trivialisiert sie immer wieder gerne als Verfasserin von »Frauenliteratur« – womit Kritiker meist romantische Liebesgeschichten meinen –, doch tatsächlich kannte sie eine ganze Reihe von intellektuellen Werken. Nur weil sie nicht aus Robert Henrys *The History of Great Britain* zitierte, bedeutet das noch lange nicht, dass Austen den Inhalt nicht kannte (als die Fünfundzwanzigjährige das Buch gelesen hatte, versprach sie ihrer Schwester einen »Vorrat an Einsichten«, wenn sie sich das nächste Mal trafen). Sie mochte Dr Johnson und seinen Biografen James Boswell ebenso wie eine Geschichte Englands von Oliver Goldsmith, Johnsons brillanten und eitlen Gegenspieler. Sie las auch Predigten, von deren Autoren sie besonders Thomas Sherlock ihrer Schwester gegenüber hervorhob. Noch überraschender ist die Tatsache, dass Austen 1813 auf den unterhaltsamen, eindringlichen Stil von *An Essay on the Military Police and Institutions of the British Empire* von Captain Pasley hinwies. »Der erste Soldat«, schrieb sie Cassandra aus Chawton, »für den ich jemals schwärmte.« Offenbar zeichnete

Jane Austen ein katholischer Lesegeschmack aus, wobei sie sich mit Geschichte, Philosophie, Theologie, Sozialkommentaren und Militärischem beschäftigte.

Der Philosoph Gilbert Ryle vermutet, dass Austen auch vom Vierten Earl of Shaftesbury beeinflusst war, dem Mäzen und Schüler der Aufklärungskoryphäe Thomas Locke. Shaftesburys Werk wurde durch viele Philosophen geprägt, doch Aristoteles stellte einen besonders wichtigen Einfluss für ihn dar. Tatsächlich erinnern Austens Protagonisten – komplexe und subtile Verbindungen zwischen Laster und Tugend – mehr an Aristoteles' Moralethik als an die schwarzweißen Vorstellungen der calvinistischen Theologen ihrer Tage (Ryle nennt die Moral ihrer Psyche »bipolar«). Austens Schurken – wie zum Beispiel Willoghby – haben eindeutig Fehler, sind aber nicht teuflisch. Der junge Draufgänger aus *Verstand und Gefühl* mag zwar schwach, unehrlich und unbeständig sein, aber er ist nicht perfide. In Austens Romanen gibt es keine eindimensionalen Bösewichte. Ebenso sind auch ihre Heldinnen keine vollkommenen Kreaturen, die keine Fehler oder Makel hätten. Von Lizzy Bennets Vorurteil bis zu Emmas Dünkel – die Autorin verlieh all ihren Frauenfiguren die vielen Nuancen und Facetten echter Menschen. Bei Austen gibt es viele moralischen »Typen« anstatt einfach zwei Lager im Sinne von Gerettet und Verdammt, Gut und Böse, Engelhaft und Teuflisch. Das, meint Ryles, sei Aristoteles' Sicht und dann die von Shaftesbury. »Shaftesbury hatte ein Fenster aufgestoßen«, schreibt Ryles, »durch das ein paar wenige im achtzehnten Jahrhundert frische Luft mit aristotelischem Sauerstoff einsogen. Jane Austen hatte diesen Sauerstoff ebenfalls eingeatmet.« Kurz gesagt: Austens täuschend einfache Romane wurden durch einige der bedeutendsten Denker ihrer Zeit beeinflusst, von Philosophen, Essayisten, von Biografen und Historikern.

Doch ebenso wichtig waren die Dichter. Austens Darstellungen von richtigem und falschen Verhalten wurden nicht nur von philosophischen Denkern geprägt, sondern auch von Poeten. »Das Wort ›Moralist‹«, stellt Ryles fest, »umfasste damals Goldsmith oder Pope ebenso wie Hutcheson oder Hume.« Das traf vor allem auf Alexander Pope zu, den wohl größten und auf jeden Fall am meisten zitierten englischen Dichter des achtzehnten Jahrhunderts. Heutzutage wird er weniger gelesen, wenn auch viele seiner Sätze im englischsprachigen Raum noch heute den meisten geläufig sind, wie zum Beispiel »Ein wenig Wissenschaft, ein wenig Gelehrsamkeit ist eine gefährliche Sache«, »Irren ist menschlich, vergeben göttlich« oder auch »Blinde Eile schadet nur«. Selbst der brillante französische Dramatiker und Provokateur Voltaire, der sich an Pope regelmäßig rieb, pries dessen Werk. »Der beste Dichter Englands«, erklärte er einem Briefpartner, »und gegenwärtig in der Welt.« Ein großes Lob von einem Mann, der sich von Pope herabgesetzt und ignoriert fühlte. Wenn die Ideen des Dichters manchmal auch abgedroschen sein mochten, so wirkten die Formulierungen doch frisch, knackig und treffend. Pope hielt immer wieder seine eigene Definition des Geistes in Ehren: »Natur bekleidet zwar, jedoch zu ihrem Vorteil nur: / Ein Etwas, oft gedacht im Leben, doch nie so gut durch Bild und Ton gegeben.« Die Aufgabe des Dichters war es also, normalen Erkenntnissen neuen und eindringlichen Ausdruck zu verleihen.

Angesichts dessen ist es keine Übertreibung zu behaupten, Pope kleidete das Denken im anglophonen achtzehnten Jahrhundert ein, zu dem auch Jane Austen gehörte. Wie Shaftesbury und Austen stand Alexander Pope in der aristotelischen Tradition. Er interessierte sich mehr für die menschliche Vielfalt als für den calvinistischen Kampf um die Seele. Er sah die menschliche Persönlichkeit als etwas Raffiniertes, Facettenreiches und Wankelmütiges. Obwohl jeder Mensch eine »vorrangige Leidenschaft« habe, sei doch alles dem Wandel unterlegen: »Manieren ändern sich mit Wohlstand, Temperamente mit dem Landstrich«, schrieb er in einem Brief an Lord Cobham, »Grundsätze mit Büchern und Prinzipien mit der Zeit.« Austen zitierte Pope in zwei ihrer Romane, in *Die Abtei von Northanger* und in *Verstand und Gefühl*. In einem Brief an Cassandra scherzte sie, dass er »der einzig unfehlbare *Pope* der Welt sei« (was besonders ironisch ist, wenn man seinen Katholizismus bedenkt). Im gleichen Brief bewies sie mithilfe des Dichters ihren eigenen Stoizismus. »Was auch immer ist, es ist am besten«, umschrieb sie treffend eine Zeile aus Popes moralischem Gedicht *Versuch über den Menschen*.

Es ist auch Popes *Versuch*, der einen Einblick in Austens unausgesprochene (wenn auch keinesfalls undeutliche) philosophische Weltsicht gibt. Wie Austen hatte auch Pope einen einfachen Ausgangspunkt: die menschliche Ignoranz. Darunter verstand er nicht nur Fehlinformationen oder Ungenauigkeit, also jene Art von Ignoranz, die sich durch Faktenüberprüfung oder Nachforschungen beheben ließe. Pope sprach vielmehr von den grundsätzlichen Beschränkungen der menschlichen Wahrnehmung und Erkenntnis. Während Gott alles sieht und weiß, sagt er, sind wir nur in der Lage, jeweils einen winzigen Ausschnitt unserer winzigen Welt zu kennen (vom Kosmos ganz zu schweigen). Wir sind unbedeutend, winzig, verletzlich und ausgesprochen leicht zu verwirren. Popes Gott zeichnet ein übergreifendes Verständnis für das Ganze aus, wohingegen der Mensch ungeschickt an einem kleinen Teil hängen bleibt – einem kleinen Stück Erde und einem noch kleineren Splitter der Ewigkeit.

Wichtiger noch ist vielleicht Popes Hinweis, dass es wenig Sinn macht, diesen Kosmos zu hinterfragen. Zum einen, erklärt er, macht unsere Ignoranz eine erschöpfende Antwort von unserer Seite unmöglich. Wir vermögen den Kosmos genauso wenig zu begreifen wie ein Ochse die landwirtschaftlichen Pläne seines Bauers. Wie der Ochse sind wir schlichtweg nicht dafür ausgestattet. Wenn wir zum anderen durch irgendein Wunder doch in der Lage wären, das Universum in seiner Gesamtheit zu erfassen, wäre es töricht und zwecklos zu erwarten, dass sich irgendetwas ändern würde. »Von allen möglichen Systemen, das sei gesagt«, schrieb Pope, »hat unendliche Weisheit das beste geformt.« Kurz gesagt: Wir haben den besten denkbaren Kosmos. Von unserem beschränkten Horizont aus mögen die Dinge manchmal hässlich, ungerecht oder unvernünftig *erscheinen*. Doch in Wirklichkeit ist es ein ausgeglichenes, in sich harmonisches System – ein grenzenlos genaues Mittel zum Zweck des göttlichen Ziels. Jede Spezies – seien es Milben, Vögel oder Säugetiere – ist ein Instrument in dieser Symphonie, von der jedoch nur der Maestro weiß, wie sie enden wird. Unseren Beitrag ändern zu wollen sei absurd und gefährlich, denn bereits der kleinste Misston oder eine ausgelassene Note zerstört die ganze Komposition. Stellen wir uns das Universum als eine exquisite, zerbrechliche Spieldose vor, die endlos viele Zahnräder, Kämme und Federn hat. Der kleinste Fehler macht das Abspielen des Liedes unmöglich.

»Nimm aus der Kette der Natur, welch Glied dir auch gefällt«, schrieb er, »das zehnte oder auch das zehntausendste, die Kette bricht doch stets.« Es ist das Verständnis einer vollkommenen, in sich geschlossenen, rationalen Harmonie. In Popes Welt ist alles so, wie es sein soll, wie es sein *muss*.

Für den Dichter hat dies eine klare moralische Botschaft: Genug der Spekulationen und Klagen, führt euer Leben. Natürlich mögen wir uns gegen Entbehrungen auflehnen oder uns über Beleidigungen empören. Wir mögen verpasste Chancen bedauern oder uns um die Zukunft sorgen. Aber alles in allem besitzen wir genau die Macht, Autorität und Fähigkeit, die wir haben sollen – und alle Mächte der Welt wetteifern gegeneinander und spielen zusammen, um einen stabilen, gesetzartigen Kosmos zu erschaffen. Wir können ihn nicht hinterfragen oder auch nur einen Buchstaben oder eine Zeile seiner Blaupause ändern. Alles bleibt so, wie es ist, umfassend und ewig. Nach Pope ist es besser, seinen kosmischen Dünkel aufzugeben und sich stattdessen mit den täglichen Dingen des menschlichen Lebens zu beschäftigen, mit unseren täglichen Siegen und Niederlagen. Das steckt auch hinter Jane Austens falsch zitiertem Satz in ihrem Brief an Cassandra. »Und trotz dem Stolz, trotz der irrenden Vernunft«, schrieb Pope, »eine Wahrheit ist klar: Was ist, ist gut.« Austens Credo, angelehnt an den Dichter, war einfach, aber überzeugend: Alles ist gut dort oben, spare also deine Kraft für hier unten.

Wenn die Theologie auch etwas fragwürdig sein mag, so stecken dennoch einige kühne Ideen in dieser Kosmologie, die sich auch in Jane Austens moralischem Universum wiederfinden. Am augenscheinlichsten ist Popes Gedanke, dass es sich nicht lohnt, mit physikalischen oder biologischen Gegebenheiten nicht einverstanden zu sein oder sich um das große Warum des Universums Sorgen zu machen. Seiner Meinung nach ist es besser, sich um seine Familie zu kümmern, den Freunden gegenüber treu zu sein und etwas Schönes oder Nützliches zurückzulassen, wenn wir sterben. Noch entscheidender war seine Überzeugung, dass Bedeutung und Größe des menschlichen Lebens unseren Einsatz lohnten, dass wir genügend Kräfte und Potenzial zur Verfügung hätten und diese ein wertvoller Teil eines wunderbaren Ganzen seien.

Sowohl Alexander Pope als auch Jane Austen zeichnete diese Kombination aus enthusiastischer Weltzugewandtheit und stillem, tröstlichem Glauben aus. Wie der Dichter las auch Austen sehr viel und besaß dabei ein scharfes Auge fürs Detail sowie ein Ohr für einen guten Stil. Aber sie war keine Metaphysikerin: Die großartigen Komplexitäten von Leibniz' »bester aller möglichen Welten« weckten nicht ihr Interesse oder überstiegen vielleicht auch ihren geistigen Horizont. Sie glaubte an eine kosmische Ordnung und hegte kein Bedürfnis, diese anzuzweifeln oder umzustoßen. »Religion«, schreibt Claire Tomalin in ihrer glänzenden Austen-Biografie, »war ein wesentlicher Bestandteil ihres Lebens. Sie wurde nie in Frage gestellt oder überprüft... Mehr ein sozialer als ein spiritueller Einfluss.« Hinter den Hochzeiten, Familien und Darstellungen von Tugenden in ihren Romanen sowie ihrer eigenen Beharrlichkeit und Geduld steckte der Glaube an eine Ordnung der Dinge. Deshalb vermochte sich die Schriftstellerin auch auf ihre häuslichen Zankereien, romantischen Intrigen und finanziellen Kämpfe konzentrieren. Sie waren ihr Bereich für Mitgefühl, Streben und Erkenntnis. Popes eindrucksvolle Zeilen fassen das wunderbar zusammen:

So lern dann dich selbst kennen, wag nicht, Gott zu ergründen! Dem Menschen ziemt keine Kenntnis mehr als Kenntnis des Menschen. Gesetzt auf den Isthmus des Mittelstands, ein Wesen dunkel erleuchtet, unausgearbeitet groß …

In dieser klaren Darstellung des menschlichen Wesens verbergen sich Austens brüchige Charaktere und Geschichten sowie ihr eigener stiller Glaube an eine Welt jenseits ihres ländlichen Englands. Ihre Romane zeugen von der »Kenntnis des Menschen«.

PASSABLE BEHAGLICHKEIT

Dieses Beruhigungsmittel der Seele ist es, was Lizzy Bennet bei ihrem Besuch in Pemberley still genoss. Es ist nicht die Verheißung von Reichtum und gesellschaftlichem Status, sondern die stumme Symbolisierung von Harmonie und Ordnung. Sie erinnert die nervöse junge Frau daran, dass ihre Welt mit all der Trauer und den Sorgen nicht die einzige ist, sondern dass es in der Natur Würde, Zurückhaltung und Anmut gibt – Tugenden, die sie auch in Darcy erkennt.

Was Austen in *Stolz und Vorurteil* schilderte, erlebte sie selbst in Chawton, in Castle Square und auf den Feldern von Steventon. Sie konnte die anstrengenden Wechselfälle des Lebens in ihrer Familie und ihrer Kunst ertragen – von Langeweile über Trauer zu Euphorie und wieder zurück – und sich dann zu dem Goldregen im Garten von Southampton oder zu Chawtons Buche zurückziehen. Unabhängig von irgendwelchen Streitereien unter den Geschwistern, dem drohenden Krieg mit Frankreich oder dem Eigensinn einer ihrer Figuren, die nicht so wollte, wie die Autorin das plante – die Blumenzwiebeln schlugen dennoch jeden Frühling von Neuem aus. »Ich habe heute erfahren«, schrieb Austen ihrer Schwester am letzten Tag im Mai 1811, »dass eine Aprikose an einem der Bäume entdeckt worden ist.« Das ist mehr als ein banaler Austausch von Trivialitäten, mehr als Tratsch oder milder Spott. Es ist ein Hinweis auf die ewigen Zeichen des Lebens. In Garten von Chawton konnte Austen Popes perfektem Kosmos begegnen – einer Wirklichkeit, die weniger zweifelhaft, unvollkommen und flüchtig war als das menschliche Dasein. Er vergewisserte sie in ihrem stillen Glauben, ein beständiger Hintergrund hinter all den Handlungen im Vordergrund.

Austen konnte sich zwar in ihren Briefen unsentimental geben, war aber durchaus offen für Trost und Tröstendes. »Sollen andere Federn sich über Schuld und Elend auslassen«, schrieb sie bekanntermaßen in *Mansfield Park*. »Ich lasse solch abscheuliche Themen so rasch wie möglich sein, ungeduldig darum bemüht, alle [...] wieder zu passabler Behaglichkeit zurückzuführen.« Selbst wenn man die übliche Ironie Austens mit einbezieht, merkt man, dass sie es ernst meint. Ihre veröffentlichten Romane gehen stets gut aus, und so bekommt sogar Marianne Dashwood aus *Verstand und Gefühl* zuletzt ihren Oberst. Obwohl die Schriftstellerin um die psychologische, gesellschaftliche und ökonomische Realität weiß, freute sie sich daran, nach Trost zu suchen und ihn auch zu finden – nach »passabler Behaglichkeit« in Popes metaphysischer Erscheinung. Austen fand das, was der Theologe Augustinus als »Ereignis« bezeichnete, »wenn sich der menschliche Verstand einer Art von Austausch mit der Natur der Dinge nähert«, im Säen von Samen, dem Einpflanzen von Ablegern oder dem Aufpfropfen von Edelreisern. Der Garten von Chawton Cottage führte ihr das vor Augen, was man inzwischen »das große Ganze« nennt, das Jane Austen jedoch im kleineren Umfang zu würdigen verstand.

MARCEL PROUST: BONSAI IM SCHLAFZIMMER

[Diese] japanischen Zwergbäumchen... wenn man sie nebeneinander an einem kleinen Wasserlauf bei mir aufstellte, hätte ich in meinem Zimmer einen ungeheuren Wald, der sich nach einem Fluss zu erstreckt und in dem kleine Kinder sich verirren könnten.
 Albertine in Marcel Prousts *Auf der Suche nach der verlorenen Zeit*

Ich habe noch drei klägliche und hässliche japanische Bäumchen, die ich Ihnen gerne schenken würde. Als ich sie für eine Auktion angekündigt sah, schickte ich meinen Pseudo-Sekretär, sie zu erwerben. Welche Enttäuschung, als ich sie erblickte! Sie sollen allerdings schöner werden, und sie sind so alt und so klein.
 Marcel Proust: Brief an Madame Straus, 21. Juni 1907

Von einer Nachttischlampe mit einem langen Arm abgesehen, war das Schlafzimmer der Wohnung im ersten Stock dunkel – die Fensterläden geschlossen, die blauen Satinvorhänge zugezogen. Ein kleines Messingbett war mit Papierseiten vollgelegt, von denen jede mit einer widerspenstig anmutenden, seismografischen Handschrift überzogen war. Marcel Proust hatte einen dichten schwarzen Bart und trug Wollunterwäsche sowie ein weißes Pyjamaoberteil und grobe Wollsocken. Noch war er nicht berühmt, aber bereits auf dem Weg dorthin. Der junge Schriftsteller, der noch keine sechsunddreißig Jahre zählte, atmete röchelnd. Sein chronisches Asthma wurde durch den Staub im Zimmer und seine schmutzige Bettwäsche nicht gerade besser (sein Biograf Richard Barker nannte die Laken diplomatisch »alles andere als sauber«). Vielleicht stank der Raum auch noch altem Essen und Urin – »Marmeladentöpfe und Nachttöpfe«, wie Prousts Freund Robert de Montesquiou mit charakteristischer Boshaftigkeit meinte. Vielleicht war das Schlafzimmer auch noch vom Zusammenbruch des Kamins verdreckt, was einige Tage zuvor passiert war. Ungestört von dem verletzenden Licht der Sonne, diesem »sehr schönen und sehr seltsamen Ding«, wie Proust sie nannte, war er zum Arbeiten bereit.

An dieser kalten Märznacht 1907 in Paris schrieb Marcel Proust noch nicht an seinem Opus magnum, *A la Recherche du Temps Perdu* (meist übersetzt als *Auf der Suche nach der verlorenen Zeit*). Stattdessen verfasste er eine Rezension über den Lyrikband einer Freundin – *Les Eblouissements* (Die Blendenden) von Anna Comtesse de Noailles. Er hatte den Band gerade gelesen, da de Noailles ihn dem Autor wahrscheinlich erst am Tag zuvor zugeschickt hatte.

Marcel Proust fiel es nicht schwer, die Leistungen der Lyrikerin zu erkennen und zu beschreiben, wobei er sie in den Olymp erhob und in eine Reihe stellte mit Kollegen wie Voltaire, Victor Hugo und Arthur Baudelaire (die Geschichte bestätigte seine Sicht nicht). Ein erster Entwurf seiner Rezension entstand innerhalb von drei Stunden – etwa sechzehntausend

Wörter seiner Einschätzung nach, die er in den folgenden drei Monaten in der Hoffnung zusammenkürzte, dass der Artikel auf der Titelseite von Le Figaro erscheinen würde. Doch leider war dem nicht so. Gestutzt veröffentlichte Le Figaro die endgültige Version Mitte Juni in seiner Literaturbeilage (»ein Vorgeschmack auf die ewige Nichtbeachtung«, wie Proust diesen Affront bezeichnete). Doch seine Rezension war nüchtern und erhellend zugleich. Auch wenn er noch nicht den Zauber der Erinnerung wie in *Auf der Suche nach der verlorenen Zeit* entdeckt hatte, so zeigt seine Analyse der Gedichte de Noailles' doch einen großen Geist, der bereits die ersten Noten seiner berühmten *idée fixe* summt: das Wiederentdecken der Vergangenheit in den kleinen Details. In dieser Rezension ebenso wie in seinen Essays und literarischen Parodien wurde Proust,

der verbummelte Dilettant, allmählich zu jenem geheimnisvollen Wesen, um den sich zahlreiche Mythen und Doktorarbeiten ranken: zu Proust, dem großen Autor der Moderne.

Während er schrieb, standen neben ihm drei »elende, hässliche« japanische Bonsai, wie er sie nannte, die sein junger Sekretär, Robert Ulrich, für ihn hatte besorgen müssen. Wie von einem Abweichen seines üblichen Geschmacks empört, hielt Proust die Bäumchen für abscheulich. Er verkaufte sie später an seine Freundin Madame Straus. Doch sie waren für den Autor keineswegs nutzlos, sondern spielten vielmehr eine wichtige Rolle in seiner Rezension von de Noailles' Lyrikband. Was sie für Proust implizierten, war letztlich wesentlich für seine gefeierte Vision des Lebens und der Kunst.

»SEHR VIELE JAPANER«

Bonsai waren um 1900 sehr in Mode. Sie gehörten zu dem Trend des Japonismus, der um diese Zeit Frankreich und Großbritannien erfasst hatte. Nachdem Commodore Perry und seine sogenannten Schwarzen Schiffe das japanische Shōgunat dazu gezwungen hatten, in Handels- und Militärbeziehungen zu treten, kam der Westen allmählich mit der japanischen Ästhetik und Philosophie in Kontakt. Während japanische junge Männer nun Dreiteiler, Melonen und Armbanduhren trugen, präsentierte sich zum Beispiel der Maler James McNeill Whistler in einem Kimono, schlief auf einem Futon und aß mit Stäbchen. »Wir führen ein unglaubliches Leben«, schrieb der französische Maler Henri Fantin-Latour im Juli 1864 aus London. »Wir alle drei, in Whistlers Atelier.

Wir könnten genauso gut in Nagasaki sein.« Wie Proust war auch Whistler mit Robert de Montesquiou und seiner Ästhetik-Clique befreundet (»Sehr viele Japaner«, lästerte ein missbilligender Aristokrat.) Viele Jugendstil-Künstler, für die Whistler ein wichtiger Wegbereiter war, faszinierten die japanischen Holzdrucke, die Ikonografie und die Farbtechniken. Die Quelle, aus der die Bonsaibäumchen in Prousts Zimmer stammten, war Bings Atelier und Werkstatt, wo zudem der Name einer neuen Art von Kunstbewegung entstand, der sogenannten L'Art Nouveau Bing in der Rue de Provence 22 in Paris. Auch Vorläufer der Impressionisten wie Degas oder Manet und Impressionisten wie Monet waren von der japanischen Handwerkskunst und dem Kunsthandwerk fasziniert. Japan und der Japonismus standen im Zentrum der künstlerischen Innovation und Experimentierfreude des Fin-de-Siècle.

Was Proust betraf, so begeisterte ihn das japanische Talent für Andeutungen, Einfachheit und Subtilität – für die Fähigkeit, Unermessliches mit einigen wenigen klaren Linien zu skizzieren oder Reichhaltigkeit in Miniaturen darzustellen. Eine gute Freundin, Marie Nordlinger, arbeitete bei L'Art Nouveau Bing und stellte eine wichtige Quelle für japanische Kunstfertigkeit für ihn dar. Nordlinger erinnerte sich daran, wie Marcel Proust im Bett gelegen und ihre japanischen Zellenschmelzohrgehänge mit ihren komplizierten Emaillebildchen betrachtet hatte. »Darf ich sie berühren? Nehmen Sie sie nicht ab!« Im April 1904 schenkte Nordlinger Proust eine für ihn bedeutendere japanische Miniatur: winzige Kügelchen aus getrocknetem Papier, die sich im Wasser entfalteten und zu Blumen, Bäumen oder Tieren wurden. Proust, dessen Asthma ihn seiner geliebten Natur beraubte, konnte sich so einen blühenden Garten ausmalen.

»Ich danke Ihnen«, schrieb er Marie Nordlinger, »mein düsteres, spannungsgeladenes Zimmer hat nun seinen fernöstlichen Frühling bekommen.« Diese Verwandlung taucht thematisch auch noch mal in der berühmten Szene des Gebäcks auf, das in Tee getunkt Erinnerungen an die Kindheit auslöst. Die Passage aus *In Swanns Welt* (dem ersten Band von *Auf der Suche nach der verlorenen Zeit*) ist ein Lobgesang auf den Zauber von Marie Nordlingers Geschenk:

> Und wie in den Spielen, bei denen die Japaner in eine mit Wasser gefüllte Porzellanschüssel kleine, zunächst ganz unscheinbare Papierstückchen werfen, die, sobald sie sich vollgesogen haben, auseinandergehen, sich winden, Farbe annehmen und deutliche Einzelheiten aufweisen, zu Blumen, Häusern, zusammenhängenden und erkennbaren Figuren werden, ebenso stiegen jetzt alle Blumen unseres Gartens und die aus dem Park von Monsieur Swann, die Seerosen auf der Vivonne, die Leutchen aus dem Dorfe und ihre kleinen Häuser und die Kirche und ganz Combray und seine Umgebung, alles deutlich und greifbar, die Stadt und die Gärten auf aus meiner Tasse Tee.

Der für Proust sehr typische Gedanke ist klar: Aus winzigen Dingen können sich große Erinnerungen und Fantasien entfalten.

Das war ein zentrales Thema in Prousts literarischem Werk. In seiner Rezension von *In Swanns Welt* schrieb der Schriftsteller Jean Cocteau von Prousts malerischem Talent, Charaktere, Gesellschaftsbeobachtungen und Landschaften bis in die kleinsten Details kunstvoll zusammenzufassen. »Swann ist eine riesige Miniatur«, meinte Cocteau, »voller Schimären, Überlagerungen von Gärten und Theaterstücken, in der Zeit und Raum in breiten, souveränen Pinselstrichen wie bei Manet aufeinandertreffen.« Diese Begabung wurde auch von Prousts Biografen George Painter erkannt. In einer besonders bewegenden Passage in seinem Buch *Marcel Proust* setzt sich Painter mit der Fähigkeit des Autors auseinander, den wesentlichen Kern einer Ära und Klasse einfangen zu können und in kleinen Einzelheiten den einzigartigen Charakter der Aristokratie im Fin-de-Siècle zu porträtieren, der im Ersten Weltkrieg dann verloren ging. Daher rührte wohl auch Prousts Interesse an Bonsai, japanischem Ohrschmuck, Holzdrucken und Spielzeug. Wie sein Opus magnum waren auch Prousts Bonsaibäumchen eine Ehrenbezeugung der unermesslichen Weite, die durch die kleinen Dinge heraufbeschworen werden kann.

Es ist kein Zufall, dass Proust de Noailles' Gedichte in jener Märznacht genau dahingehend beschrieb, als die drei Bonsaibäumchen neben seinem Bett standen. In seiner Rezension für den Figaro setzte er sich mit der Begabung der Lyrikerin auseinander, Bilder und Metaphern aus ihrer Vergangenheit wachzurufen – was Proust »die Wiedererweckung dessen, was wir gefühlt haben« nannte. Fische würden zu Schwalben, Elstern zu Früchten. De Noailles durchbrach die Welt der nackten Dinge, indem sie das poetische Archiv der Vergangenheit aufschloss. »Sie weiß«, schrieb Proust, »dass ein tiefgreifender Gedanke, in dem Zeit und Raum eingelagert sind, ihrer Tyrannei nicht länger ausgeliefert ist und somit unendlich wird.«

»... HÄTTE ICH IN MEINEM ZIMMER EINEN UNGEHEUREN WALD ...«

So betrachtet waren die Bonsaibäumchen kein reiner Zufall oder auch einem modischen Spontankauf geschuldet – als ob Proust jemals losgezogen wäre, um Notizbücher zu kaufen und stattdessen mit einem verkrüppelten Kirschbaum zurückgekommen wäre. Nein – die Bonsai passten zu einer schon längeren gedanklichen Beschäftigung des Schriftstellers, und sie waren wie kleine Inschriften, hinter denen eine ungeheure Vision stand. Diese Vision wurde sowohl zu einem literarischen Kennzeichen Prousts als auch zu einer Anziehungskraft in seinem Leben.

Proust setzte sich nicht näher damit auseinander, *was* den Zauber der Bonsaibäumchen genau ausmachte. Doch die wichtigen Merkmale sind nicht schwer zu erkennen. Bonsai zeichnen sich durch eine Kombination aus Klarheit, Präsenz, Destillation und Schönheit oder auffallender Gestalt aus. Sie bieten die zarte Komplexität eines gewöhnlichen Baumes, jedoch in einer kleinen, geradezu intim wirkenden Größe. Bonsaibäumchen haben zudem eine einzigartige Beziehung zur Zeitlichkeit. Während alte Bonsai mit ihren oftmals knorrigen Ästen und gequält wirkenden Formen an das Alter und das damit verbundene Leiden erinnern, gelingt ihnen das, indem sie den Zeichen der Zeit trotzen. Die Wurzeln, Blätter und Äste der Bäumchen werden beschnitten und in bestimmte Strukturen und Muster formiert. Manchmal wird ein Bonsai in einen anderen Topf gepflanzt und wandert von seinem Platz auf der Veranda in eine Nische im Inneren des Hauses. Manchmal blüht er im Frühling, während sich im Herbst sein Laub rot verfärbt. Doch das eigentliche Wesen des Bonsai ist Stille und Gleichförmigkeit. Wie Deborah Koreshoff in ihrem Klassiker *Bonsai* schreibt: »Was Sie wohl angezogen hat, ist die FORM und der STIL ... das ›Skelett der Gestalt‹.« Das Bäumchen ist eine Art Typus, nach dem griechischen Wort »typos« für »Abdruck«. Deshalb kann der Bonsai auch viele Bäume sein: Indem er ihre wesentlichen Grundzüge versinnbildlicht, deutet er auf eine Art archetypische »Baumheit« hin – etwas, das allen Bäumen gemein ist. Der Bonsai veredelt die Baum-Erfahrung, indem er sie simplifiziert. Das macht er oft auf wunderbare Weise, mit einer Feinheit und Raffinesse, wie Proust sie auch in den japanischen Holzdrucken oder dem Zellenschmelzohrschmuck bewundern konnte. Teils Garten, teils Skulptur verkörpert der Zwergbaum Erhabenheit und Wandel in einer einzigen, schlichten und dauerhaften Gestalt.

Deshalb erklärte Proust auch Marie Nordlinger, dass die Bonsai »Bäume für die Fantasie« seien. So wie ein Samen dazu veranlasse, uns die zukünftige Blume vorzustellen, meinte Proust, so lösten Bonsai den Traum einer melancholisch anmutenden Landschaft mit ihren traurigen Zeiträumen aus. Sie erinnerten ihn an »jahrhundertealte Träume, die Weite und Würde eines großen Feldes«, und es gelänge ihnen, ihn trotz ihrer Hässlichkeit in ihren Bann zu ziehen. Das ist die poetische Perspektive hinter den Worten, die er Albertine in *Auf der Suche nach der verlorenen Zeit* in den Mund legte. »Wie bei den japanischen Zwergbäumchen, bei denen man doch sehr gut erkennt, dass es Zedern, Eichen oder Manzanillabäume sind; wenn man sie nebeneinander an einen kleinen Wasserfall bei mir aufstellte, hätte ich in meinem Zimmer einen ungeheuren Wald, der sich nach einem Fluss zu erstreckt und in dem kleine Kinder sich verirren könnten.« In dieser Vorstellung sind Bonsai nicht einfach kleine Bäume, Topfpflanzen oder Symbole eines exotisch anmutenden Japans. Sie sind ein typischer Kunstgriff von Proust – Einladungen zu einem Traum von Grenzenlosigkeit und Zeit.

RÜCKKEHR AUS DEM EXIL

Die Gründe für Prousts Begeisterung für vielsagende Miniaturen waren sowohl biografisch als auch philosophisch. Sein Interesse an winzigen Dingen im Allgemeinen und dem Bonsai im Speziellen galt nicht nur der Suche nach einem literarischen Kniff. Er war auch auf der Suche nach etwas, das er im Leben verloren hatte – eine Art metaphysisches Ganzes, das durch Alter und Gebrechen verweigert wurde. Sein obsessives Streben danach fand nicht in einer Kavaliertour oder im Durcharbeiten von Büchern seinen Ausdruck, sondern in der Faszination für kleine, unauffällige Dinge.

Ein Grund dafür war seine Krankheit. Proust lebte gezwungenermaßen fern von der Welt der Natur, und seine Bonsai boten ihm Trost, indem sie ihm eine Landschaft ins Zimmer holten. Auch wenn sein späteres Leben in Zurückgezogenheit und Einsamkeit es nicht vermuten ließ, so war er doch als Kind viel draußen gewesen. Als Junge hatte er viel Zeit in Auteuil und Illiers verbracht, wo er die Gräser, die frische Luft und die grünen Blätterdächer über ihm geliebt hatte. In Illiers besaß sein Onkel mütterlicherseits, der Jules hieß, drei Gärten: einen kleinen Hintergarten, einen Gemüsegarten und einen Lustgarten namens Pré Catalan. Pré Catalan bot dem jungen

Proust Rasenflächen, Palmen, Geranien und einen Teich, umgeben von Schwertlilien und Vergissmeinnicht, auf der Wasseroberfläche waren Schwäne und Seerosen zu sehen. Am Rand des Gartens wuchs eine Hecke aus rosafarbenem und weißem Hagedorn, wobei der kleine Marcel Ersteren besonders mochte, da ihn die Farbe der Blüten an Kekse mit rosafarbenen Zuckerguss und zerdrückte Erdbeeren mit Quark erinnerte. In Auteuil, wo sein Großonkel Louis ein Haus besaß, das »geschmackloser hätte nicht sein können«, saß Marcel unter großen Bäumen oder spazierte mit seiner Familie am Bois de Boulogne vorbei. Neben dem von ihm so geliebten Hagedorn gab es dort Kastanien, »ein Geschlecht junger Riesen«, wie er in *Jean Santeuil* schreibt, die »zartgebildeten Türmen gleich hohe Blütenstände tragen«. Prousts Kindheit war geprägt von etwas Ländlichem und Traumhaftem, was das Werk des Autors später beflügelte.

Dieses Naturidyll war nicht von Dauer. Als Mann mittleren Alters liebte er noch immer Blumen und bat seine Haushälterin Céleste, sich den Hagedorn doch genauer anzusehen. »Ich kenne nichts Hübscheres«, erklärte er. Doch die Freuden von Auteuil, Illiers und dem Frühling waren dem chronischen Asthmatiker verwehrt. Statt die Wildblumen des Frühjahrs zu genießen, musste Proust im Zimmer sitzen und betrübt Legras-Pulver inhalieren. Célestes Ehemann, Odilon, fuhr ihren Arbeitgeber manchmal ins Chevreuse-Tal, um den Hagedorn und die Apfelbäume dort in Blüte zu sehen, wenn Proust auch immer hinter den fest verschlossenen Scheiben des Autos sitzen musste. Ehe er sich ganz in die Krankheit und zu seinem Schreiben zurückzog, besuchte Proust noch seine alten Bediensteten, die inzwischen in einer Art Pflegeheim lebten. Draußen stand er eine Weile vor einem Beet mit Stiefmütterchen und roch glücklich an einem davon, das er gepflückt hatte. »Die einzige Blume, deren Duft ich riechen darf, ohne Asthma zu bekommen«, erklärte er. Marcel Proust liebte auch im mittleren Alter noch das Landleben, war jedoch fast immer von ihm getrennt (unerreichbare Liebe – ein weiteres von Prousts Themen).

Diese Ferne zur Natur verlieh seinen Bonsai noch mehr Anziehungskraft. Es waren echte Bäume, und sie lebten in seinem Schlafzimmer. So hässlich sie auch sein mochten, er schätzte sie dennoch sehr, weil sie eine lebendige Landschaft in sein Zimmer holten. Nichts vermochte den Ausblick, die Kastanien, den Karpfenteich oder die Hecken von Auteuil oder Illiers zu ersetzen. Doch Prousts Bonsaibäumchen veranlassten ihn dazu, die für ihn verlorene Natur nach Jahren im Exil wieder zu imaginieren – eine kurze Rückgewinnung einer auf immer verlorenen Kindheit.

AUF DER SUCHE NACH ...

Doch neben diesen unmittelbaren biografischen Motiven gab es noch andere Gründe für die Bedeutung der Bonsai, die eng mit Prousts philosophischer Sicht auf das Leben zusammenhingen. Es ging ihm nicht einfach nur darum, seine eigene Vergangenheit wiederzufinden, sondern seine diesbezüglichen Ideen waren von allgemeinerer Bedeutung. Er glaubte, dass kleine Dinge und winzige Details Wegweiser zu einem weiter gefassten, reichhaltigeren Bewusstsein sein konnten – eine Vorstellung, die im Zentrum von Prousts späterer Philosophie stand.

Es mag etwas unpassend erscheinen, von einer Philosophie Prousts zu sprechen. Schließlich hielten viele den Schriftsteller für nicht dazu in der Lage, tiefere Gedanken zu haben. Bis in sein mittleres Alter galt er als Speichellecker, Dilettant und Salonlöwe – als ein Mann ohne Talent, Interessen oder geistige Schärfe. Das Verlagshaus Nouvelle Revue Française wies den ersten Band seines Romans zurück und qualifizierten Proust, in André Gides Worten, als »Snob«, »literarischen Amateur« ab. Gide und seine Kollegen leisteten später mit einer großen Entschuldigung und einem Vertrag Abbitte. Doch ihre ersten Eindrücke waren bezeichnend: Proust galt allgemein als ein begabter, aber oberflächlicher Dandy, der keinerlei Tiefe besaß. Er mochte der gängigen Sicht nach liebenswürdig und exzentrisch sein, aber auch ein Hypochonder, Poseur und Müßiggänger, der nicht in der Lage war, etwas wirklich Großes zu schreiben. Selbst wenn seine Geschichten und Rezensionen charmant sein mochten, so hatten sie doch nicht die Tiefe oder Schärfe, die man von echter Philosophie erwartete. Seine nachgeahmten modischen Partys und seine Ästheten-Clique signalisierten alle mehr als deutlich, dass Proust oberflächlich und dekadent sein musste. Bei vielen Zeitgenossen galt er deshalb als schriller bunter Vogel.

Die Nachwelt hat ihn respektvoller beurteilt. Sein amerikanischer Biograf Edmund White nannte ihn zum Beispiel einen »großen philosophischen Romancier«. Auch wenn er kein Intellektueller gewesen sein mochte, so schätzte Proust dennoch das Fach Philosophie auf der liberal gesinnten Condorcet-Schule, die er zwischen elf und siebzehn Jahren besuchte. Er war ein unbeständiger Schüler, dessen Unterricht durch häufige Erkrankungen immer wieder unterbrochen wurde. Er war kein Frühstarter. Dennoch zeigte sich Marcel sowohl zu Hause als auch in der Schule als intelligent, ernsthaft und leidenschaftlich. In seinem letzten Jahr in Condorcet begann er das Fach Philosophie bei Marie-Alphonse Darlu zu studieren, den Proust in seinem *Tage der Freude* als den »großen Philosophen« bezeichnete. Ironisch, aber ehrlich an Philosophie und ihrem Unterrichten interessiert, verfeinerte Darlu die Gedanken des jungen Proust und kultivierte dessen Liebe für die tiefere Bedeutung der Dinge.

Da der Unterricht sich vor allem mit den Ideen Immanuel Kants auseinandersetzte, kann man behaupten, dass Proust nicht nur über die Dinge lernte, sondern von den Dingen an sich – von der Wirklichkeit jenseits unserer direkten, spezifischen Wahrnehmung. Kants Grundgedanke war es, dass wir die Welt verstehen, weil sie, während wir sie wahrnehmen, vor allem unserer Vorstellung entspringt. Das Universum scheint sinnvoll zu sein, nicht weil irgendein göttlicher Geist die Fäden in der Hand hält, sondern weil wir den Erfahrungen unsere eigene Ordnung überstülpen. Kant nannte dies die sinnliche Erscheinung der Dinge (Phaenomena) – die Welt der menschlichen Wahrnehmung. Im Gegensatz dazu steht die Welt der Dinge, wie sie tatsächlich sind (Noumena). Die reale Welt ist die des Noumenon, aus der sich der menschliche Verstand speist. Doch wir haben keinen direkten Zugang zu ihr. Sobald wir sehen und denken, sind die Dinge bereits vermenschlicht. Das Fazit von Kants Theorie ist einerseits eine sehr rigorose Erziehung in geistigen Kategorien und ihrer Beziehung zu Moral und Ästhetik sowie andererseits die Idee einer riesigen Parallelwelt, die greifbar ist, aber unbekannt bleibt – eine »wahre Wirklichkeit«, von der wir ausgeschlossen sind.

Proust fand diese idealistische, beinahe mystisch anmutende Vorstellung sofort einleuchtend und bezeichnete Darlu als einen seiner »Lebenshelden«. Der interessierte junge Marcel sollte jedoch selbst nie Philosophieprofessor werden; seine Talente lagen woanders. Dennoch prägte ihn der Unterricht von Darlu, und später kehrte er sogar zu Privatstunden zu seinem Lehrer zurück. Viele Jahre später, nachdem er finster entschlossen sein Jurastudium an der Sorbonne abschloss, bekannte er sich noch immer zu seiner Vorliebe für Literatur und Philosophie. Alles andere, so erklärte der Zweiundzwanzigjährige seinem Vater, sei »temps perdu« – verlorene Zeit.

Darlus Unterricht lieferte der späteren psychologischen Unterfütterung von Prousts Romanen und Geschichten gewisse Vorüberlegungen. »Es ist der Geist«, schrieb der junge Autor, »welcher der Materie Form gibt.« In anderen Worten: Die uns bekannte Welt ist eine, die unser Geist skizziert und organisiert. »Wir können«, fuhr er fort, »die Materie auf psychologische Elemente reduzieren.« Doch wie komplex die Wirklichkeit nach der Vorlage des Geistes auch angelegt sein mag, ist sie doch immer *etwas* jenseits unserer Vorstellungskraft – eine größere, ältere und vollkommene Wahrheit. So lautet Prousts melancholische Metaphysik: Es gibt ein Ganzes, von dem wir ein einsamer, sehnsuchtsvoller Teil sind.

In späteren Jahren, als Proust das Vorwort zu seiner Essaysammlung *Gegen Sainte-Beuve* verfasste – geschrieben in einer Zeit, als er sich bereits in Richtung *Auf der Suche nach der verlorenen Zeit* bewegte –, setzte er sich noch einmal und auf reifere Weise mit dem Thema auseinander. Nun gab es für ihn ein wunderbares »Jenseits«, das auf uns in der Welt der gewöhnlichen Dinge wartete. Das Wesentliche und Wertvollste war für ihn die Vergangenheit. Wie Painter in seiner Biografie des Schriftstellers skizziert, stellte die Vergangenheit für Proust mehr als nur die verlorene Zeit dar. Sie repräsentierte vielmehr eine Zeit der unschuldigen, naiven Ganzheit – eine Art von idealer, ewiger Einheit, die von der Trauer, den Konflikten und den Verwirrungen des Erwachsenenlebens nicht berührt wird. »In diesem vorübergehenden, aber unaufhörlichen Zutritt zu der Welt jenseits der Zeit liegt die Erlösung«, erklärt Painter, »denn dort allein ist die Tugend zu finden, die wir verlieren, wenn wir geboren werden, und die Freude, die uns die weltliche Liebe nehmen kann.«

Aber, schreibt Proust, diese berückende Vergangenheit verlieren wir täglich aufs Neue. Zum einen weil der Geist zu schwach oder zu abgelenkt ist, um es überhaupt zu bemerken, und zum anderen weil der Intellekt dem Ganzen nicht gerecht werden kann. Anders gesagt: Die Vergangenheit gleitet uns ständig aus den Fingern und ist nicht festzuhalten. Gelebte Zeit ist verlorene Zeit. »Zahlreiche Sommer meines Lebens«, schrieb Proust in dem Vorwort zu *Gegen Sainte-Beuve,* »verbrachte ich in einem Haus auf dem Land. Manchmal dachte ich an diese Sommer, aber sie waren nicht mehr sie selbst. Sie waren tot.« Für Proust gibt es *tatsächlich* eine Welt ewiger Schönheit und Liebe und zwar dort, wo das vollkommene und mühelose »Jenseits« besteht. Doch dieser Ort ist unerreichbar, was die meisten von uns ständig unzufrieden zurücklässt. Proust hielt das für die ureigentliche Condition humaine: ausgesperrt sein aus dem Speicher der Erinnerung.

Dennoch ist die Tür dorthin immer nur angelehnt, so Proust. Die Vergangenheit verbirgt sich in alltäglichen Dingen und wartet darauf, befreit zu werden. »Sobald jede Stunde unseres Lebens gestorben ist«, schrieb er in *Gegen Sainte-Beuve*, »wird sie in Wahrheit in einem greifbaren Objekt verkörpert [...] und verbirgt sich dort.« Deshalb erinnert sich Proust auch bei einer Tasse Tee an einen Garten oder an Venedig bei einem gelockerten Trittstein. Doch es reicht nicht, sich diesen Erinnerungen einfach zu überlassen. Nach Proust müssen wir sie erkennen und zurückgewinnen. In anderen Worten: Sobald die Erinnerung auftaucht, braucht sie bewusste, kreative Aufmerksamkeit. Prousts Diktum deshalb lautet: Zuerst Zufall, dann Kunst.

DIE ENTFLOHENE GERETTET

Das ist also Prousts berühmte Theorie der »unwillkürlichen Erinnerung«. In der klaren, schlichten Prosa seines Vorworts zu *Gegen Sainte-Beuve* schildert er die unermessliche Weite der gespeicherten Erinnerung und der Unmöglichkeit, diese zu verfälschen oder vorzutäuschen. Die Vergangenheit kann in abstrakten Formulierungen nicht erfasst oder aus halb vergessenen Fragmenten zusammengesetzt werden. Als würde man alte Münzen in der Tasche einer lange nicht getragenen Jacke finden, so kann man auch nur zufällig auf diesen Schatz stoßen. Dann muss er erkannt und bewusst mit ihm gearbeitet werden.

Damit gab Proust einen Warnschuss vor den Bug eines übermäßig selbstbewussten Rationalismus – eines Glaubens an die totale Durchdringung des Geistes von sich selbst und daran, dass die hochentwickeltsten und komplexesten Anmutungen alle von unserem Bewusstsein erkannt und verändert werden können. Erinnerung, so Proust, unterliegt dem Zufall und undurchsichtigen, unbewussten Impulsen. Unser Geist ist labil, unklar und flüchtig. Nicht einmal die meistgeschätzten Wegzeichen aus unserer Vergangenheit, wie zum Beispiel ein geliebtes Familienheim oder ein Park aus der Kindheit, vermögen uns einen Fixpunkt zu geben. »Die Erinnerung an ein bestimmtes Bild«, schreibt er in den bewegenden letzten Zeilen von *In Swanns Welt* »ist wehmutsvolles Gedenken an einen bestimmten Augenblick; und Häuser, Straßen, Avenuen sind flüchtig, ach! wie die Jahre.«

Interessanterweise ist diese Theorie auch ein Angriff auf den Snobismus, der Proust bekanntlich ja selbst vorgeworfen wurde. Denn wenn sich die Vergangenheit in scheinbar banalen Dingen wiederfindet, dann kann das Alltägliche für den Künstler wertvoller sein als vielgepriesene Museumsstücke oder Sammlergegenstände. Natürlich leugnete Proust nicht die Herrlichkeiten der Kathedrale von Amiens, Saint-Saëns' Sonaten oder Vermeers *Ansicht von Delft* (»das schönste Gemälde der Welt«, für das der kranke Schriftsteller sogar tapfer Höhenangst und Schwindel ertrug, um es zu sehen). Er war außerordentlich empfänglich, leidenschaftlich und beständig, wenn es um Kunst ging. Doch neben der Kunst erkannte er auch den Wert des Ungeschliffenen und Gewöhnlichen. »Ein Buch, das scharfsinnigen Geistern nichts zu bedeuten vermag, aber voller Namen steckt, die er seit Kindheit an immer wieder hörte«, schreibt Proust in *Gegen Sainte-Beuve* über den Künstler, »kann unendlich viel mehr für ihn wert sein als noch so bewundernswerte philosophische Abhandlungen.«

Es ist Prousts wichtigster Gedanke, der auch die Bedeutung der Bonsaibäumchen erklärt: Im Bescheidenen und Übersehenen hofft er, die Welt zu entdecken – unermesslich oder vergessen –, die er täglich verliert. In Miniaturen oder kleinen Details beleuchtete er verschwommene Bereiche des Geistes oder stellte neue Verbindungen zwischen scheinbar grundverschiedenen Dingen, Gefühlen oder Erinnerungen her. Mit den Bonsai neben seinem Bett kehrte er in seinem häuslichen Umfeld nicht nur zu der für ihn verlorenen Natur zurück, sondern sie waren auch ein Sinnbild für ein ehrgeizigeres Projekt: die Rettung der »Entflohenen« – Prousts eigenem Leben.

WIEDERENTDECKUNG

Wenn man Prousts Biografie liest, so springt einem die Seltsamkeit vieler Details ins Auge. Vielleicht lassen sich die aufgesteckten Ratten auf den Hüten oder die neurotische Mutterliebe als Fiktionen von Klatschsüchtigen oder Biografen abtun (wenn es psychologisch auch durchaus zu passen scheint). Doch auch ohne diese Eigentümlichkeiten fällt es schwer, sich mit Proust zu identifizieren. In seiner luftleeren Isolation und Nostalgie steckt eine Logik, die jedoch zugleich absurd erscheint. Als Jude der Mittelschicht kann ich den Reiz für Proust nachvollziehen, den entspannte, elegante Aristokraten auf ihn ausübten, die einfach *dazugehörten*. Trotz all seiner Begabung blieb er ein Außenseiter. Als Autor erkenne ich die Bedeutung von Privatheit und Stille. Als Vater kann ich mit dem Thema der verlorenen Kindheit viel anfangen. Und dennoch bleibt eine gewisse Begierde Prousts – eine gierige, bedürftige und verzweifelte Eigenschaft des Autors –, die ich einfach nicht nachzuvollziehen vermag. Er ist wie eine seltene

Fremdsprache, die man nur abstrakt in der Übersetzung verstehen kann. Proust war ein ungewöhnlicher Mann, ein außergewöhnlich genialer Mensch mit einer spezifischen psychischen Struktur. Ich fühle mich in seiner Welt nicht zu Hause und vermute, dass es anderen auch so geht.

Dennoch sind die Ideen, die Proust in seinen Bonsaibäumchen erkannte, markant und wertvoll. Sein Beispiel zeigt erneut, dass Gärten nicht großartig oder teuer sein müssen – oder dass sie nicht einmal Gärten im eigentlichen Sinn zu sein brauchen. Nicht jeder hat die Zeit, das Geld oder das Händchen, um Pré Catalan zu kultivieren. Nicht jeder hat die Lunge oder den grünen Daumen, um einen Weißdorn zum Blühen zu bringen. Doch was Proust in seinem abgedunkelten Schlafzimmer schaffte, lässt sich auch in kleinen Mietwohnungen oder gepflasterten Hinterhöfen erreichen. Das Prinzip des Bonsaibäumchens funktioniert auch für Olivenbäume in einem Hinterhof oder Geranien in einem Blumentopf auf der Veranda. Eine fehlende Landschaft bedeutet noch lange nicht einen verarmten Geist.

Prousts Bonsai-Philosophie verweist auf noch mehr. Es ist ein einfacher, aber direkter Aufruf dazu, auch das Gewöhnliche im Leben zu sehen und zu feiern. Es ist, in anderen Worten, eine Warnung, durch Vertrautheit blind zu werden. Kleine Details, winzige Dinge und halb wahrgenommene Momente können uns Einsichten und Eindrücke vermitteln, wenn wir nur genau genug hinschauen. Zum einen ist das im Sinne des Handwerkers zu verstehen: Jahrzehnte des Stutzens, Beschneidens und Befestigens bieten dem Gärtner die Freuden der Beherrschung, Vertiefung und Schönheit (oder der Ungeschicklichkeit, Verwirrung und abgestorbener Setzlinge, wie in meinem Fall). Zum anderen wird man im Sinne eines Kunstliebhabers reich beschenkt: Verschachtelte, zarte, greifbare Dinge können befriedigender sein als ihre Größe vermuten lassen würde. Das ist die Lehre aus Prousts »elenden, hässlichen Bäumchen«, aber auch etwas, was sich ein neugieriges, nicht gehetztes Bewusstsein angewöhnen kann. Der Bonsai ist die lebendige Erinnerung daran, die winzigen Welten zu entdecken, die sich stets direkt vor unseren Augen verbergen.

LEONARD WOOLF:
DIE ÄPFEL VON MONK'S HOUSE

Beschnittene Bäume und mein Finger. Regen & Wind.
Leonard Woolf, Brief an Lytton Strachey
vom 24. Januar 1920

NICHTS IST VON BEDEUTUNG.
Leonard Woolf, Brief an Molly MacCarthy
vom 17. Juni 1921

In einem eisigen, unerbittlichen Winter in Sussex schnitt ein drahtiger Mann einige Apfelbäume und band Pflaumenbäume an eine Mauer. Er trug zwei Paar Socken, Handschuhe und zwei Jacken, was aber nichts half. Die Kälte drang ihm dennoch bis tief in die Glieder. Je mehr er sich der Mitte seines Lebens näherte, desto stärker verspürte er die Kälte. Und diese Tage im Januar waren, wie seine Frau bemerkte, »wie gefrorenes Wasser, vom Wind aufgepeitscht in Atome aus Eis, die einem in die Wangen bissen«.

Doch Leonard Woolf gab nicht auf. Tatsächlich hatte er sogar wie ein eifriger Schuljunge geschuftet, seitdem er und Virginia Monk's House bei einer Versteigerung etwa sechs Monate zuvor erworben hatten. Die Woolfs liebten beide das

Anwesen. Es war nicht das Haus mit seinen verschiedenen Nebengebäuden und Schuppen gewesen, von dem sie zuerst hingerissen waren. Virginia Woolf war eine Woche vor dem Verkauf nach Rodmell geradelt und hatte einige Vorbehalte gegen Monk's House geäußert. Es besaß kleine, vollgestellte Zimmer, kein heißes Wasser, einen alten Ölofen, eine feuchte Küche und eine kleine Speisekammer. Später erfuhren sie auch noch, dass es einmal eine Überschwemmung im Haus gegeben hatte. Doch Virginia Woolfs Interesse wurde rasch von der »großen Freude« entfacht, die der Garten in ihr erweckte: Reihen von Obstbäumen, Erbsen, Artischocken, Kartoffeln und Himbeeren; ein sanftes Auf und Ab des Rasens, was vor Stürmen Schutz bot; alles in einem – »Größe & Form & Fruchtbarkeit & Wildnis« –, und das nur für den mit heute vergleichbaren Preis eines gebrauchten Volvo. Am Tag der Versteigerung versuchte Leonard Woolf, der nervös achthundert Pfund in seiner Hosentasche festhielt, vorsichtig zu sein, doch das Paar war unleugbar aufgeregt (»Ich hatte rot angelaufene Wangen«, schrieb Virginia, »& L. zitterte wie Espenlaub.«)

Offenbar zu ihrer eigenen Überraschung genoss Virginia Woolf das Gärtnern. Zuerst glaubte sie, dass ihr vor allem das Spazierengehen Vergnügen bereiten würde – durch die Landschaft von Rodmell, wenn die Tage wärmer waren, oder auf den geschützten Wiesen, sobald der gnadenlose Wind einsetzte. Sie war, wie sie in ihrem Tagebuch vermerkte, eher ein Wanderer, ein unbeteiligter Betrachter als ein Landschaftsgestalter. Ihre Spaziergänge gaben ihr »das Rohmaterial« für ihre Romane. »Die ganze Zeit über in den Hügeln, in den Auen oder am Fluss entlang«, berichtete Leonard Woolf in seinem autobiografischen Buch *Downhill all the Way* (Stetig abwärts),

»dachte sie bewusst oder halbbewusst an das Buch oder den Artikel, den sie gerade schrieb oder an den Embryo eines noch nicht geschriebenen Buchs oder einer Geschichte.« Gemeinsame Spaziergänge auf dem Land waren auch etwas, was Virginia und Leonard gemeinsam genießen konnten. Von Anfang an verfolgten die Woolfs in Rodmell einen genauen Zeitplan hinsichtlich ihrer Spaziergänge, damit sie nicht aus Versehen mehr Zeit am Fluss Ouse verbrachten als mit Schreiben.

Doch bereits im nächsten Jahr war Virginia Woolf mehr vom Garten selbst begeistert. Die Narzissen leuchteten, die Krokusse brachen durch den Rasen, und die Mandelbäume blühten (»FRÜHLING«, schrieb sie in jenem März in beglückten Großbuchstaben). Im Mai verbrachte die scheinbar distanzierte Schriftstellerin einen warmen, wenn auch windigen Nachmittag auf allen vieren im Garten und machte sich dabei so richtig die Hände schmutzig. »Den ganzen Tag Unkraut gejätet, um die Beete fertig zu bekommen«, notierte sie in ihrem Tagebuch, »mit einer seltsamen Art Enthusiasmus, der mir zeigte, dass das Glück sein muss.« Ihr Arbeitszimmer war ein Raum im Garten – früher einmal ein Schuppen, nun ihr Ort zum Schreiben und ein Lagerplatz für Äpfel.

In den folgenden fünfzig Jahren war es jedoch Leonard Woolf, der sich dem Rasen, den Blumen, dem Gemüse und den Obstbäumen verschrieb. Noch bevor die Woolfs in Monk's House zogen, beschrieb Virginia ihren Mann als »einen fantastischen Liebhaber« von Gärten. Als junger Student in Cambridge verbrachte er seine Ferien oft in Cornwall und malte sich begeistert aus, wie es wäre, statt des Studiums ein Leben als Tagelöhner auf dem Land zu verbringen. In ihrem früheren, gemieteten Haus Asheham auf dem Land genoss er in vollen Zügen »Kartoffeln,... Ackerbohnen, grüne Bohnen, Herbst-Anemonen, Kapuzinerkressen, Phlox & Dahlien & einen Wald aus Unkraut«. Wenn er sich von seinen Labour-Treffen, politischen Recherchen und Arbeit als Verleger erholen wollte, kochte er Marmelade ein, sammelte Pilze und pflückte Wildblumen, hackte Holz oder erntete Äpfel. Mit Virginia arbeitete er, gärtnerte dann und arbeitete er wieder (»Am Vormittag«, schrieb er an Lytton Strachey, »schreiben wir 750 Wörter... Am Nachmittag graben wir um«).

»Er geht mir immer im Garten verloren«, erzählte Virginia Woolf von ihrem Mann in einem gut gelaunten Brief an Ethel Smyth. »Er ist entweder auf einem Baum oder hinter einer Hecke.« In ihren Briefen erleben wir Leonard Woolf als einen unbezähmbaren und unerklärlich guten Zauberer mit der Gartenschere – selbst bei schlimmstem Wetter oder unter persönlich schmerzhaftesten Bedingungen. Im Januar 1922 prasselte Hagel in ihren Kamin, und Winde rissen Äste von den Bäumen. »Leonard pflanzte, schnitt, besprizte«, schrieb seine Frau bewundernd, »wobei Kälte & Nässe & Heftigkeit seinem Verhalten etwas Heroisches verlieh, was man bewundern, wenn auch nicht verstehen konnte.«

Fast zwanzig Jahre nach dem Erwerb von Monk's House verlor Leonard Virginia an ihren letzten Ausbruch des Wahnsinns, der im Freitod endete. Die letzten Worte in ihrem letzten Tagebucheintrag wurden am 24. März 1941 notiert: »L. ist mit dem Rhododendron beschäftigt.«

In den von der Trauer bestimmten Jahren nach Virginia Woolfs Tod kümmerte sich Leonard um die Obstbäume, die Hecken und die Pflanzen im Treibhaus. Sein Wohnzimmer war voller gelber und scharlachroter Begonien, Lilien und

Gloxinien. Er fügte seinem Garten Bienenstöcke, zwei Treibhäuser und sechs Morgen Land hinzu. Ein junger Schriftsteller vermutete, dass er braune Flanellhemden deshalb so schätzte, weil man auf ihnen Flecken schlecht erkennen konnte. Einem besessenen amerikanischen Fan schickte er Gingko-Samen. »Seine langen Finger wirken etwas staubig«, schrieb Diane Gardner, eine Autorin aus Sussex, »von kalkhaltiger Gartenerde.« Trekkie Parsons, seiner späteren Liebe, schenkte er weiße Freesien und eine rote Zyklame. Im Jahr vor seinem Tod gewann Leonard Woolf (zusammen mit seinem Gärtner) insgesamt dreizehn Preise in den Frühlings- und Sommergartenschauen des Jahres 1968. Für den Fall, dass seine Arbeiten und Preise noch irgendwelche Zweifel gelassen hätten, so listete der über Achtzigjährige in dem letzten Band seiner Autobiografie, *The Journey Not the Arrival Matters* (Der Weg, nicht das Ziel ist von Bedeutung), seine größten Lebensfreuden auf. Neben der Freundschaft, dem Essen und dem Sport schrieb Leonard Woolf: »Kultivieren eines Gartens.«

DER SCHMERZ DER WELT

Leonard Woolfs lebenslange Begeisterung für den Garten betrachtend, könnte man annehmen, dass er glückliche Kindheitserinnerungen daran hat. Doch eine seiner frühesten Rückbesinnungen an diese Zeit ist auch eine der verstörendsten, denn der Garten steht dort für einen Ort der Traurigkeit, der Entfremdung und des Weltschmerzes, wie Woolf das selbst nannte.

Ehe sein Vater starb, hatte Leonard mit seiner Familie in einem neugebauten Haus in 101 Lexham Gardens in Kensington in London gelebt. Es war ein wohlhabender viktorianischer Haushalt der Mittelschicht mit einem abwesenden, aber liebevollen Vater und einer verträumten, aber praktischen Mutter. Der Kronanwalt Sidney Woolf war wie sein Sohn drahtig und geistreich. Marie Woolf war hingegen, wie Leonard Woolf sich später erinnerte, weich, schulmädchenhaft und ein wenig skurril. Die beiden gaben ein glückliches, hart arbeitendes Paar mit vernünftigen und toleranten Ansichten. Hinter dem Haus, in einem Parallelogramm aus hohen Ziegelmauern und der hinteren Mauer des Reihenhauses, lag ein Garten. Dort spielte der kleine Leonard mit seinen acht Geschwistern in der rußigen Londoner Erde.

Im Sommer suchte Marie Woolf ein Ferienhaus, das sie dann mietete und wohin die Familie mit Kind und Kegel – »neun Kinder, Bedienstete, Hunde, Katzen, Kanarienvögel und einmal auch zwei weiße Ratten in einem Vogelkäfig« – mit einem öffentlichen Bus und dann in einem für sie reservierten Zugwagon für etwa einen Monat verschwand.

Nach einem solchen Sommer rannte der etwa fünfjährige Leonard bei seiner Rückkehr freudig in den Garten des Londoner Hauses. Er sehnte sich danach, seine Blumen wiederzusehen, die gewöhnlich um diese Zeit leuchtend zwischen den schmutzigen Ziegeln blühten. Doch zu seinem Entsetzen waren die Farben und die Lebenskraft verschwunden. Ihm bot sich eine Szene des Verfalls, des Todes und einer Art undeutlicher, urweltlicher Bedrohung. Woolfs Schilderung dieses Moments ist aus der Sicht eines älteren Mannes – inspiriert vom Buch Ekklesiastes aus dem Alten Testament –, der reifer und gebildeter zurückzublicken vermag. Sein kindliches Entsetzen ist dennoch greifbar:

Der Garten lag da in seiner verschmutzten Einsamkeit. Kein Lufthauch war zu spüren. Es gab keine Blumen mehr, nur ein paar wenige dürre Fliederbüsche hingen noch matt in ihren Beeten. Der schmutzige Efeu klammerte sich schlaff an die rußige Mauer. Diese war von Efeublatt zu Efeublatt über und über mit großen und kleinen Spinnennetzen überzogen, Dutzenden und Aberdutzenden von Spinnennetzen, ganz reglos, und reglos in der Mitte jedes Netzes saß eine große oder kleine, eine dicke oder eine dünne Spinne... Ich kann noch immer den Geruch der sauren Erde und des Efeus riechen, und auf einmal scheint mein ganzer Geist und mein ganzer Körper von Melancholie überwältigt zu werden... Zum ersten Mal in meinem Leben erfuhr ich... jenes Gefühl kosmischen Unglücks, das uns ereilt, wenn diejenigen, die aus den Fenstern blicken, nur Dunkelheit sehen, wenn die Töchter der Musik verstummen, wenn die Türen in der Straße zufallen, der Ton des Mahlwerks verstummt, wenn die Heuschrecke zu einer Belastung wird und das Verlangen verschwindet.

In Lexham Gardens wurde Leonard Woolfs Traurigkeit nicht durch diesen oder jenen Umstand ausgelöst, sondern durch die Welt selbst – dadurch, wie alle Dinge zerstört werden oder auch einfach verfallen; wie Konflikte rasch Harmonie verjagen und wie der Tod das Leben ablöst. Der Efeu wächst, die Spinnen ernähren sich, die Blumen verblühen. Für den jungen Woolf war das Universum auf einmal ein Schlachtfeld von blinden, irrationalen und unablässigen Kräften – kein göttliches Wunder, sondern ein sinnloser Kampf. Hier zeigte sich das, was Woolf in *The Gentleness of Nature* (Die Sanftheit der Natur) als »gnadenlose Grausamkeit, die finstere und düstere Art und Weise« der Natur bezeichnete.

Nach Leonard Woolf gab es für diese Grausamkeit keine erhabenen Gründe, Erkenntnisse oder Bedeutungen. Auch wenn er sich dem Streben nach Wahrheit verpflichtet sah, wusste er doch, dass absolutes, vollkommenes Wissen unmöglich war. Der Mensch ist fehlbar und unvollkommen. Seine Ideale und Anstöße sind letztlich ohne Belang. »Ich fühle tief in meinem tiefsten Inneren«, schrieb er in *Sowing* (Säen), »dass letztendlich *nichts eine Bedeutung hat*.« Diesen brutalen und zugleich befreienden Ratschlag gab er sein ganzes Leben lang immer wieder Freunden und Kollegen, oft in Großbuchstaben.

Natürlich hatte vieles für Leonard Woolf eine große Be-

deutung – einschließlich das »Kultivieren eines Gartens«. Er war zweifelsohne ein beherrschter, disziplinierter Mann, aber er liebte und weinte und wütete wie jeder andere auch. Seine Liebesbriefe an Virginia waren zärtlich und überschwänglich; sie erfanden Kosenamen füreinander (er war »Manguste«, sie »Mandrill«). Einmal zerrte er sich den Daumen aus der Gelenkkapsel, als er davon träumte, einen Mann zu erdrosseln, und in Ceylon plante er, »den ganzen Vormittag zu arbeiten und nachmittags eine Hure zu engagieren«. Leonard Woolf hörte nie auf zu lieben, zu studieren, zu schreiben, sich einzusetzen, zu reden, zu verlegen oder sich um seine kranke Frau zu kümmern. Den Völkerbund, den Vorläufer der Vereinten Nationen, verdanken wir teilweise einem Mann, dessen Motto lautete: »NICHTS IST VON BEDEUTUNG.«

Woolfs Gedanke in *Sowing* und auch sonst war existentialistisch, nicht nihilistisch. Während er die historische Gestalt Jesus Christus respektierte (er hätte dessen Bergpredigt jederzeit verlegt, wie er erklärte), verstand er das Universum als gottlos. Im Gegensatz zu einigen seiner Zeitgenossen ersetzte er Religion auch nicht durch einen einfachen Glauben an Nationalismus, Patriotismus, Faschismus oder sowjetischen Kommunismus. Er machte diese absoluten, rigiden Massenbewegungen dafür verantwortlich, das Beste in unserer Zivilisation demontiert zu haben und Glück in der Politik zu einem »schmutzigen Wort« gemacht zu haben.

Leonard Woolf war der Ansicht, dass alles trotz unserer starken Leidenschaften und Ideale zum Verkauf stand. Keine Überzeugung und kein Glaube vermag die Kluft zwischen Hoffnung und Realität zu verbergen. Das meiste, was wir auf der Jagd nach dem tun, was uns begeistert oder inspiriert – so

Woolf –, ist sinnlos und ergebnislos (er nahm an, dass er in seinem Leben »zwischen 150 000 und 200 000 Stunden [mit] völlig nutzloser Arbeit« verbracht hatte). Er hatte den Mut, die Schönheit in der Welt zu sehen, aber auch die Vergeblichkeit von allem: Wir streben und lieben, doch der Kosmos ist ein unermesslicher, dumpfer Ort von Kräften ohne einen ultimativen Plan oder Zweck.

Woolf hielt an diesem existentialistischen Credo bis zum Schluss seines Lebens fest. Als er Virginia kennenlernte, hatte sich diese Meinung sogar noch verstärkt und auch auf das Innenleben des Menschen ausgeweitet, das er als chronisch schwach oder grausam verstand. Große Teile seiner Sicht waren durch seine Jahre im kolonisierten Ceylon, inzwischen Sri Lanka, bestimmt – eine elementarere Erziehung in der »finsteren und düsteren Art und Weise« der Natur.

DER DSCHUNGEL

Leonard Woolf verbrachte fast sieben Jahre in Sri Lanka. Diese Zeit bestätigte seine bittere Erfahrung von Lexham Gardens und verstärkte deren Bedeutung für das weitere Leben des jungen Engländers. Nachdem es Woolf nicht gelungen war, genügend für seine Prüfung zum öffentlichen Dienst an der Universität Cambridge zu pauken, wurde ihm eine niedrigere Stelle im Inland angeboten. Doch seine Noten waren gut genug, um einen höheren Posten in den Kolonien zu bekommen. Deshalb segelte der fast vierundzwanzigjährige Leonard Woolf am 19. November 1904 nach Vorderindien. Das Ganze dort war ihm absolut fremd – die Hitze, der Gestank, die Fliegen, der andere Lebensstil und die Atmosphäre einer alles durchdringenden Melancholie (seine Briefe waren gespickt von diesem Wort). »Es erscheint mir lächerlich wie ein Traum zu sein«, schrieb er, nachdem er fünf Stunden in der Hauptstadt Colombo verbracht hatte. Wie viele Briten war auch er oft krank. Er litt unter der Ruhr, schmerzhafter Übelkeit, Hitzschlag und chronischen Ekzemen. Die vielen Insekten widerten ihn an. In einem Brief schildert er, wie zwei Kakerlaken sein Bein hochkletterten, eine Heuschrecke auf seinem Rücken saß, eine »kleine Plage« an Moskitos und Fliegen sowie »ein riesiger fliegender Käfer« in sein Auge schossen. Sein Hund Charles starb bald durch das Klima und das ungewohnte Fressen. Es war Leonard Woolfs zweite Geburt – ein neues, verwirrendes, fremdes Leben.

Wie er in vielen Briefen an Lytton Strachey schilderte, wurde Woolfs erste Zeit durch alltägliche Banalitäten, Traurigkeit und schlechte Gesellschaft getrübt. Jahrelang zog er es in Betracht, sich das Leben zu nehmen. Er war, wie er erklärte, »fassungslos ob des Wahnsinns und der Bitterkeit des Daseins«. Er fürchtete, nie mehr lachen zu können. Um Langeweile und Krankheit zu vermeiden, spielte er Racquetball, Squash, Tennis sowie Hockey und machte sich über die Auslandsgemeinde lustig (»Die Frauen«, schrieb er Strachey, »sind alles Huren oder hässliche alte Weiber oder Missionarinnen oder alles drei.«) Trotz seiner kolonialen Haltung begann Woolf mit der Zeit die Ceylonesen und die Landschaft zu schätzen. Er sprach gerne Singhalesisch mit den Buddhisten und setzte sich mit der östlichen Philosophie auseinander. Er jagte, radelte und verbrachte viele Stunden in der überwältigenden, brutalen Einsamkeit des Dschungels. Außerdem ging er seiner Liebe für Tiere nach, für die er eine einfache, reine Zuneigung empfand.

Doch vor allem war Leonard Woolf mit Arbeiten beschäftigt. Die ungleiche Machtbeziehung zwischen den Briten und den Ceylonesen war ihm unangenehm, und er erkannte die Grenzen des Gesetzes. Doch seiner Meinung nach konnte man die Gesetzgebung am besten reformieren, wenn man die Gesetze rigoros anwandte – um die Defizite in der Praxis vor Augen zu führen, anstatt sie einfach zu vermeiden. Heraus kam eine seltsame Mischung aus Gewissenhaftigkeit und Zweifel. Zuerst zählte er die Pennys, kontrollierte die Rechnungen, unterzeichnete Briefe, überwachte Streitereien unter Ortsansässigen. Als er später befördert wurde, war er für Hambantota, eine Gegend im südöstlichen Ceylon, verantwortlich, und saß unfreiwillig Hinrichtungen vor. »Ich arbeite, Gott weiß, ich arbeite«, schrieb er gegen Ende des Jahres 1908 an Lytton Strachey, als er zum stellvertretenden Regierungsbeamten ernannt wurde. »Ich habe das Ganze auf eine Methode verkürzt und zu einer Manie erhöht.« In *Growing* (Wachsen), dem zweiten Band seiner Autobiografie, schilderte er seinen Enthusiasmus für Effizienz. Er sei immer auf der Jagd nach der »ökonomischsten, schnellsten ... methodischsten« Vorgehensweise gewesen. Als Verwaltungsbeamter und Friedensrichter wandte er das Gesetz, so ungerecht es auch sein mochte, immer mit seiner vollen Kraft und in ganzer Konsequenz an, was dazu führte, dass Leonard Woolf weder bei den Briten noch bei den Ceylonesen beliebt war. Er sei einer der »Bösen«, die den Einheimischen zufolge der Halleysche Komet gebracht hatte. Doch Woolf ließ sich nicht beirren, sondern suchte weiter nach Ordnung und Genauigkeit. Er glaubte an das Gesetz, unabhängig von seinen Zweifeln an der Kolonialherrschaft. Dafür wurde er mit Beförderung und mehr Befugnis belohnt.

Leonard Woolfs Strenge hinsichtlich Gesetz und Verwaltung verbarg jedoch eine große Skepsis der britischen Vorherrschaft gegenüber. Er sah die koloniale Ordnung als ausgesprochen prekär und ohne Einfluss auf den Dschungel (»ein Land aus Blut und Räude«). In dieser gleichgültigen, grausamen Welt sei nichts von Dauer. Alle zivilisatorischen Errungenschaften seien fragil und letztlich verloren. Das betraf Woolf zufolge auch den Geist: Glück und Vernünftigkeit seien höchstens zeitweilig möglich – eine Sicht, die durch die spätere Ehe mit Virginia noch verstärkt wurde.

Ein faszinierendes Beispiel liefert Leonard Woolf in seinem Roman *Das Dorf im Dschungel*, den er nach seiner Rückkehr nach England im Jahr 1911 schrieb. Von den britischen Kolonialverwaltern und den Ceylonesen gleichermaßen für seine genaue Darstellung des bäuerlichen Lebens gelobt, ist der Roman seit seiner Veröffentlichung in Sri Lanka bis heute noch erhältlich.

Das Buch zeigt eine Geisteshaltung, die durch die koloniale Vorstellung von Zivilisation geprägt ist. Aus der Sicht der singhalesischen Dorfbewohner verfasst – und nicht aus der Perspektive der britischen Kolonialherren oder der Tamilen –, wird die Geschichte des Ortes Beddagama im Dschungel von Ceylon erzählt. Woolf verweigert eine Romantisierung der Dschungelwildnis, der bei ihm »ein großes Meer« aus verkrüppelten, von Dürren zerstörten Bäumen ist, durchweht von heißem Wind. Bäume ohne Laub schwitzen weißen Saft aus, während strähnige Flechten von den Ästen hängen. Der absterbende, ausgetrocknete Ozean ist voller Dornengestrüpp, das den unfruchtbaren Schmutz und Sand bedeckt. »Alle Dschungel sind böse«, schildert der Autor, »doch kein Dschungel ist bösartiger als jener, der das Dorf Beddagama umgab.«

Silindu, ein willensschwacher Mann, versucht mit seinen zwei schönen Töchtern, Punchi Menika und Hinnihami in diesem Dorf zu überleben. Er arbeitet, tötet Tiere, sucht nach Essbarem, steht aber immer in der Schuld des Dorfvorstehers. Inmitten der »lebendigen Mauer« des Dschungels sind ungebildete, ungeschulte Dorfbewohner wie Silindu hilflos. Der Dorfvorsteher und seine Clique hingegen befinden sich ständig im Vorteil. Sie stehlen Geld, Essen und Frauen. Wie die wilden Tiere des Dschungels befriedigen sie ihre Lust und ihren Hunger, indem sie den anderen Dorfbewohnern auflauern. Als sich Punchi Menika und Hinnihami weigern, wie Freiwild behandelt zu werden, werden die Mädchen und ihr Vater brutal und kalt manipuliert. Die Geschichte besitzt die Unausweichlichkeit einer griechischen Tragödie. Am Ende sind drei Dorfbewohner ermordet, zwei im Gefängnis, und der Rest flieht aus den Hütten. Nur eine, Punchi Menika, bleibt allein da, während der Dschungel allmählich das Dorf zurückerobert. Woolfs diesbezügliche Schilderung ist schwermütig und verstörend:

> Der Dschungel bewegte sich innerhalb der Mauern. Endlich begannen sie zu bröckeln, und das ziegelgedeckte Dach brach ein. Gras und Unkraut wuchsen über den kleinen Hügel aus zerbrochenen roten Tonwaren. Die Dschungeläste der Mauern breiten sich in dichtes Gebüsch aus. Hohe Schösslinge von größeren Bäumen

begannen sich zu zeigen. Am Ende des dritten Regens waren das Grundstück und das Haus ausgelöscht.

Es ist klar und eindeutig, was der Autor damit als Botschaft vermitteln möchte: Verfall und Zerstörung warten stets um die nächste Ecke, um alles an sich zu reißen. Der Mensch muss nur ins Rutschen geraten, selbstsüchtig werden und das fragile Gleichgewicht der Gesellschaft ins Schwanken bringen. Zuerst ist der Dschungel im Inneren, dann außen – zuerst ist er menschliche Gier oder Eitelkeit, dann die »undurchdringliche Unordnung aus Dornen und Kletterpflanzen«, während die Zivilisation zurückweicht.

EHE UND KRIEG

Leonard Woolf nahm diese Botschaft mit, als er 1911 aus den Kolonien nach England zurückkehrte. Nicht lange danach heiratete er Virginia Stephen, die Tochter des damals bekannten Literaturkritikers Leslie Stephen. Virginia stammte aus einer reichen, gut vernetzten Familie. In ihr verbanden sich das Selbstbewusstsein und der Dünkel der Privilegierten mit einer starken körperlichen und gesellschaftlichen Unbeholfenheit. Keine klassische Schönheit im Sinne ihrer Schwester Vanessa hinterließ Virginia dennoch einen starken Eindruck bei dem jungen Mann, der gerade aus Ceylon wiedergekommen war. Er nannte sie seine »Aspasia«, nach Perikles' kluger, gebildeter Geliebter (»Ich habe mich in Aspasia verliebt und... mich ihr zu Füßen geworfen.«) Seine Gefühle wurden zum Glück erwidert, auch wenn Virginia zurückhaltender war. Sie war sich nicht sicher, was sie von diesem »mittellosen Juden«, wie sie ihn bezeichnete, halten sollte, aber sie flirtete auf ihre ungeschickte Weise mit ihm. »Ihre Art des Umwerbens besteht darin, dass sie über nichts anderes als übers Vögeln spricht«, schrieb ihr Bruder Adrian, »das sie mit großer Anzüglichkeit Kopulieren nennt, aber WCs und ich wagen zu behaupten, dass sie erfolgreich sein wird.«

Als sich Leonard Woolf wieder in London eingerichtet hatte, lebten Virginia und Vanessa am Brunswick Square, der sich zum Sammelort der Gruppe entwickelte, die man schließlich »Bloomsbury« nannte. Leonard Woolf besuchte Brunswick Square regelmäßig und verbrachte – wie er sagte – »die aufregendsten Monate meines Leben« mit Virginia. Freimütig diskutierten sie über Bücher, Kunst und Politik, aber auch über die Ehe. Mit der für sie typischen Offenheit sprachen sie über ihre eigenen Mängel, die Affären ihrer Freunde und Indiskretionen sowie ihre Hoffnung auf eigene Kinder. Im folgenden Jahr, im August 1912, waren sie verheiratet.

Die Woolfs führten eine liebevolle, zärtliche und sehr produktive Ehe, auch wenn sie kinderlos blieben. Sie arbeiteten beide viel und intensiv, widmeten ihr Leben großenteils dem geschriebenen Wort und schätzten unverblümte, geistreiche Unterhaltungen. Ihr Schreibregime in Monk's House lässt vermuten, dass sie einander Raum für ihre Arbeiten und ein Sozialleben gaben, ohne dabei auf ihre tägliche Vertrautheit zu verzichten. Doch Virginia war krank – heftig, besorgniserregend und regelmäßig. Es begann mit Kopfschmerzen und einer allgemeinen Schwäche, um sich dann bald zu Magersucht, Halluzinationen und körperlichen Aggressionen zu verwandeln. Wenige Jahre nach ihrer Hochzeit hatte sie bereits einmal versucht, sich das Leben zu nehmen, indem sie eine Überdosis Barbiturat nahm. Sie verbrachte mehrere Monate im Haus Dalingridge Place ihres Bruders George in Sussex, um sich zu regenerieren. Sie nahm alarmierend ab, griff Krankenschwestern an und bedurfte einer ständigen Überwachung, die oftmals Leonard Woolf übernahm.

Auch wenn dieser pflichtbewusst, genau und fürsorglich war – er organisierte peinlich genau ihre Mahlzeiten, Besuche und Arbeitszeiten –, forderten diese Phasen ihren Tribut. Auch er wurde dünner. Auch er litt an heftigen Kopfschmerzattacken. Er machte weiter, weil er Virginia liebte und verzweifelt hoffte, in eine Art von Normalität zurückkehren zu können. Doch das Ganze bestätigte seine Lebenssicht: Man konnte nicht erwarten, dass die Welt ständig sicher und harmonisch war. Sie musste vielmehr gewissenhaft und stoisch kontrolliert werden. In einem Brief an Clive Bell bemerkte Lytton Strachey, dass Leonard »nicht ein Wort der Klage verlor und von Anfang an nie auch nur andeutungsweise abfällig wurde«. Er vermutete, das könne an dessen »jüdischer Schulung« liegen, und Leonard Woolf stimmte dieser Mutmaßung später in seiner Autobiografie auch zu. Doch es lag sicher auch an der Disziplin, in den Jahren in Ceylon erworben. Für Woolf stellte geistige Gesundheit immer nur einen zeitweiligen Zustand dar – die einen waren einfach erfolgreicher, diese länger zu halten, als andere. Er sah den Wahnsinn nicht als Schandfleck, als nichts, vor dem man entsetzt zurückschrecken musste. Er war einfach etwas, womit man gewissenhaft fertigwerden musste. Virginias Symptome, erklärte er in *Beginning Again*, »unterschieden sich von den Symptomen eines gewöhnlichen Menschen mehr in der Stärke als in der Art.« Ohne Schlaf,

Essen und Bewegung könne jeder von einem normalen Zustand über einen der Erschöpfung bis hin zum Wahnsinn gelangen. »Jedermann«, schloss er mit der für ihn charakteristischen Direktheit, »ist ein wenig wahnsinnig.«

Leonard Woolf sah den Ersten Weltkrieg, der zwei Jahre nach seiner Hochzeit begann, mit einer ähnlichen Mischung aus Grauen und Pragmatismus. Für ihn zerstörte er große Teile des ländlichen Englands – nicht nur seine hügelige Landschaft, die unzähligen Grundstücken voller »Bungalows, Häuser, Läden, Schuppen, Hühnerställe, Hütten und Hundezwinger« weichen musste, sondern auch den Rhythmus und die Werte des Landlebens. Woolfs Sussex wurde natürlich nicht zerbombt, das geschah erst eine Generation später. Stattdessen wurde der Boden für Wiederaufbauprojekte nach dem Krieg verkauft, um dort ehemaligen Soldaten und Kriegsbeschädigten Lebensgrundlagen und Unterkünfte zu stellen sowie die Wirtschaft wieder ins Rollen zu bringen. Schrecklicher als die Veränderung des Landes waren jedoch die Kriegsopfer: Leonards Bruder Cecil, während eines deutschen Bombenangriffs getötet, während ein anderer Bruder, Philip, schwer verletzt wurde – zwei der fünfunddreißig Millionen Soldaten, die am Ende des Kriegs tot oder verletzt waren. Für Woolf stellte sich das Ganze als eine schreckliche Verschwendung dar. Es war das Ende des viktorianischen Englands und der Beginn eines entfremdeteren, schnelleren Zeitalters. Typischerweise widmete der Autor seiner Wehklage keine langen Passagen, sondern dachte nur über die verpassten Gelegenheiten nach. »Ich sehe keinen Sinn im Zerstören«, schrieb er in *Beginning Again*, »es sei denn, man ersetzt das Zerstörte durch etwas Besseres als das, was man zerstört hat.« Der Krieg habe seine Generation, so Woolf »wie ein Blitz aus heiterem Himmel« getroffen, der den bisherigen Glauben an eine stetige Verbreitung der Zivilisation widerlegt habe. Doch im Nachhinein verstünde er, dass in den modernen Konflikten Kräfte am Werk seien, die auch in der menschlichen Psyche und Gesellschaft zu finden seien. Die großen Errungenschaften der westlichen Zivilisation – die Entwicklung und der Schutz des als wertvoll gesehenen Individuums, des »Ichs« – seien ungewiss und gefährdet. Diese Kräfte, die dieses »Ich« zerstört hätten, stellte Woolf in *The Journey not the Arrival Matters* fest, könnten nicht immer abgewehrt werden. Man könne sie nur verwalten oder ihre Wirkung hinauszögern – eine Sicht, die auch zu Woolfs Mitarbeit am Völkerbund während des Ersten Weltkriegs und danach führte. Seine politischen Aktivitäten bedeuteten zwar keine Garantie für Frieden und Fortentwicklung, aber sie halfen, die Welle der Grausamkeiten und des Barbarismus zumindest etwas länger Einhalt zu gebieten.

Diese Erkenntnis hielt sich für Leonard Woolf auch, als der Zweite Weltkrieg drohte. Seine Freunde Lytton Stachey und Roger Fry starben in jenen Jahren, dann wurde sein Neffe Julian Bell getötet, als er einen Krankenwageneinsatz im Spanischen Bürgerkrieg fuhr. Auch Leonard Woolfs Mutter ereilte der Tod. Obwohl sich Mutter und Sohn nicht sonderlich nahe gestanden hatten, war er sich ihrer Abwesenheit doch stark bewusst. »Als der Sarg in das Grab hinuntergelassen wird«, schrieb er in *Downhill All the Way,* »kommt es zu einer zweiten Durchtrennung der Nabelschnur.« Diese Verluste steckten den morbiden Rahmen für den Zweiten Weltkrieg ab, der Woolf unvermeidbar erschien. Er vermochte nur »hilflos und hoffnungslos« zusehen, wie er näherrückte. Obgleich dieser moderne Krieg mit seiner mechanisierten Brutalität neu war, schien das scheinbar unaufhaltsame Zusteuern auf ein Massenabschlachten etwas zu sein, das für alle Phasen der Geschichte gilt. »Von Anfang an standen Männer und Frauen ... immer großen Krisen und Katastrophen gegenüber, den sinnlosen und unerbittlichen Ergebnissen gemeinsamer Grausamkeit und Dummheit«, schrieb er, »mit der ruhigen, grimmigen, fatalistischen Resignation von ... uns allen in Rodmell und London im August und September 1939.«

Virginia Woolf nahm sich 1941 das Leben, ehe der Krieg zu Ende war. Sie war im Laufe der Zeit immer depressiver geworden, wobei ihr psychischer Zustand wohl eine unglückliche Folge von Stress und starker Überarbeitung war. Kurz zuvor hatte sie ihr letztes Buch, *Zwischen den Akten*, fertiggestellt. Ihre Tagebucheintragungen zu jener Zeit waren ausgesprochen wechselhaft und manchmal morbid. »Sind das die Dinge, die interessant sind?«, notierte sie im Januar. »Diese Erinnerung, dieses Halt ein, bist du so schön? Nun, in meinem Alter ist das ganze Leben so schön ... Und auf der anderen Seite des Hügels wird es keinen rosig blau-roten Schnee geben.« Die Kopfschmerzen, Schlaflosigkeit und Halluzinationen kehrten wieder zurück und verängstigten sie. Leonard Woolf versuchte die Zeichen des anstehenden Wahnsinns rechtzeitig zu erkennen und die Krankheit in erträgliche Bahnen zu leiten. »Die einzige Chance für sie«, stellte er fest, »war es, sich einzugestehen, dass sie krank war. Doch dazu war sie nicht in der Lage.«

Wenn man sein Leben und seine Ehe betrachtet, wundert einen Leonard Woolfs trostlose Kosmologie keineswegs. Nach Woolf war es nur ein winzig kleiner Schritt von Ceylons verrückten Büffeln und Schlingpflanzen zu Virginias Wahnsinn und den beiden Weltkriegen. Beides seien Albträume, schrieb er in *Beginning Again*, nur war der eine privat und der andere öffentlich. Stets sei das Leben ein ständiger Kampf mit dem Dschungel.

Diese Philosophie ist kaum der friedvolle Traum eines englischen Cottage-Gartens, wo die Wildnis ein fröhlicher Farbfleck und nichts Lebensbedrohliches ist. Verfolgt von dieser düsteren Vision wundert es, dass Woolf nicht in die sterile Geborgenheit einer Stadtwohnung floh, deren Ziegel- und Steinmauern vom widerspenstigen Dasein kaum berührt werden. Wie wir wissen, tat er das nicht. Im Gegensatz zu anderen Londonern bevorzugte er das Landleben. Der Garten und die Landschaft von Sussex verzauberten ihn. Auf den ersten Blick scheint das ein Widerspruch zu sein, denn trotz seiner Identifizierung des Grauens und des Verfalls in einem Garten verbrachte er einen Großteil seines Lebens zwischen Erdboden, Würmern und Stürmen und machte sich dabei viele Male die Hände schmutzig.

Er erwartete nicht, in seinem Garten Unsterblichkeit zu finden. Virginia rief ihn einmal zu sich ins Haus, damit er sich Hitlers Rede im Radio anhörte. »Ich komme nicht rein. Ich pflanze gerade Netz-Schwertlilien«, erwiderte er, »und sie werden noch blühen, wenn er schon lange tot ist.« (Wie Leonard Woolf in *Downhill All the Way* bemerkte, hatte er recht damit behalten.) Doch dieses kleine Maß an Langlebigkeit vermochte nicht die übrigen, zerstörerischen Kräfte der Natur aufwiegen, wie Woolf wusste. »Ich interessiere mich nicht«, schrieb er in dem letzten Band seiner Memoiren, »für den ganzen Krimskrams, der von mir stammt – meine Bücher, die Press, meinen Garten, meine Erinnerungen –, und der wahrscheinlich noch ein paar Jahre nach meinem Tod existieren wird.« Der Garten bot ihm keinen Trost gegen die Sterblichkeit. Aber er galt ihm als eindrückliches Symbol grimmigen Widerstands – mit dem Leben weitermachen, obwohl es sinnlos ist. »Ich betrachtete die Arbeit«, schrieb er, »immer als eine natürliche Tätigkeit oder sogar ein Naturgesetz.«

Leonard Woolf benutzte den Garten auch als Rückzugsort vor anderen Menschen – vor deren »ranziger Dummheit und Lieblosigkeit«, wie er das in *Beginning Again* so explizit bezeichnete. »Für einige Augenblicke zumindest gelang es mir so, mich aus der Welt meiner Mitmenschen zu verabschieden«, bemerkte er in *Growing*, »was ich stets mit einem Seufzer der Erleichterung tat.«

BLUMEN UND ASCHE

Leonard Woolf tat allerdings im Garten von Monk's House mehr, als nur weiterzumachen oder den Fallen menschlicher Gesellschaft zu entkommen. Seine Vertiefung in das Gärtnern war auch eine philosophische Entscheidung. Dort setzte er sich mit tiefgreifenden Konflikten in der Welt und in sich selbst auseinander. Überall in Woolfs Schriften findet sich eine Spannung zwischen Ordnung und Unordnung, die sich für ihn in vielerlei Gestalten zeigte: Gesetz versus Anarchie, rationale Vernunft versus irrationaler Glaube, Frieden versus Gewalt, geistige Gesundheit versus Wahnsinn. In jedem Fall stand Leonard Woolf eindeutig auf der Seite der Ersteren. Sein ganzes langes Leben lang verfolgte er eine Vision von Sicherheit, Vernunft, Genauigkeit, Rechtschaffenheit und psychologischer Ausgeglichenheit. In *The Journey Not the Arrival Matters* fasste er das Ganze zusammen als Gerechtigkeit und Gnade der Hebräer sowie als Freiheit und Schönheit der Griechen. Der folgende Abschnitt aus *Sowing* verdeutlicht eindrucksvoll, worum es ihm ging, indem er den Verlust der kindlichen Geborgenheit beklagt:

> Obgleich ich im Laufe meines Lebens verschiedene Stadien von Trostlosigkeit durchlief, die trostloser waren als der Garten mit seinem schmutzigen Efeu und den Spinnennetzen, fand ich nie mehr jene Art von Geborgenheit und Zivilisation, die sich mit jenen des vom Gaslicht erhellten Kinderzimmers vergleichen ließen.

Dieser Kampf der Gegensätze fand auch in Woolfs eigener Psyche statt. »Auch nur ein bescheiden zivilisierter Mensch zu sein«, schrieb er in *Downhill All the Way*, »ist nicht nur schwierig, sondern auch schmerzhaft.«

Was Leonard Woolf von den meisten seiner Mitmenschen unterschied, war seine Ehrlichkeit. Er erkannte den grundsätzlichen Konflikt, gab seine Macht oder seine Hilflosigkeit offen zu und machte unbeirrt weiter. Er war dabei trotz seiner Bekanntheit ein reservierter Mann. Er glaubte, dass sein »Ich« einen Wert besaß und es eine »schreckliche, unzivilisierte Sache« sei, es untergehen zu lassen. Für Woolf war das Zuhause der Ort, wo das »Ich« geschützt war. Vor allem der Garten stellte einen seiner bevorzugten Zufluchten vor dem Leben in der Öffentlichkeit dar und vielleicht auch vor Virginias psychischen Schwankungen. Doch aufgrund von Leonards Ehrlichkeit wurde Monk's House nie zu einem Ort der Flucht vor der Wahrheit. Stattdessen lieferte ihm der Garten das Bild für einen unvermeidlichen Konflikt – in der Welt und innerhalb seiner eigenen Psyche. Der Garten gab all die öffentlichen und existentiellen Kämpfe Woolfs wieder. Er konnte ihn einerseits wegen seiner Schlüssigkeit und Genauigkeit genießen und gleichzeitig die Prinzipien des Verfalls, der Gewalt und der Korruption darin erkennen. Sein Garten in Sussex war der »grausame und gefährliche« Dschungel von Ceylon und der kolonialen Ordnung seiner dortigen beruflichen Tätigkeit. Er spiegelte die Anspannung der Kriegsjahre und die aufgestaute häusliche Lust wider, aber auch Momente schwer erkämpfter künstlerischer und ehelicher Zufriedenheit. Er war Verfall und Wachstum, Tod und Wiedergeburt.

In dieser Hinsicht kann Monk's House als wesentlich für Leonard nach dem Freitod Virginias gesehen werden. Noch Wochen, nachdem er ihren Abschiedsbrief entdeckt hatte, war er wie betäubt, manchmal regelrecht gelähmt. »Ich war wie eine Art gejagtes Tier«, schrieb er in *The Journey Not the Arrival Matters*, »das sich erschöpft nur noch instinktiv in ein Loch oder sein Netz zurückschleppen kann.« Doch er behielt die für ihn charakteristische Geschäftigkeit. Er verfasste Artikel, veröffentlichte Texte in der Hogarth Press, redigierte den New Statesman und Political Quarterly und blieb in der Fabian Society sowie der Labour Party tätig. Außerdem beschäftigte er sich im Garten. Innerhalb eines Monats nach Virginia Woolfs Tod wurde ihr gemeinsames Büro am Mecklenburgh Square erneut bombardiert. Noch trauernd fuhr Leonard nach London, kehrte aber schnell wieder nach Hause in seinen Garten zurück. Am nächsten Tag radelten Jugendliche an der Ouse entlang und entdeckten beim Spiel Virginias Leichnam im Wasser – drei Wochen nach ihrem Freitod. Er identifizierte sie in der Leichenhalle – *und war am nächsten Tag wieder im Garten tätig.* Sein in verschmierter grüner Tinte geschriebener Tagebucheintrag lautet: »Arbeit Auto Newhaven-Untersuchung Garten.« Leonard ließ seine Frau verbrennen und vergrub ihre Asche auf dem großen Rasen unter dem Fuß einer Ulme – eine von zwei, die Leonard und Virginia hießen. Jedes Mal, wenn er dort über das Gras lief oder das vertraute Rauschen der Ulmen vernahm, war er sich zweifelsohne schmerzhaft seines Verlusts bewusst. Nach dem Krieg, als Leonard Woolf mit seiner neuen Lebensgefährtin Trekkie Parsons »Gärten leidenschaftlich ... kultivierte«, tat er das stets mit der Erinnerung an Virginia im Hinterkopf. In seinen letzten zehn Lebensjahren kümmerte er sich oft um seinen Obstgarten, einschließlich um Mr. Prospero, einen Apfelbaum, den er und seine Frau fünfzig Jahre früher in Monk's House so genannt hatten. In seinen Memoiren bezeichnete er das als Schicksal – nicht im Sinne einer vorherbestimmten Richtung, sondern als die angesammelte Kraft von Geschichte, öffentlicher und privater. Es war sinnlos zu versuchen, dem zu entkommen. Er konnte sich nur stoisch daran gewöhnen, mit »stiller, unnachgiebiger Selbstbeherrschung«.

Deshalb trug Leonard Woolf, ein Homme des lettres mittleren Alters, auch zwei Paar Socken und beschnitt mitten im eisigen Januar in Sussex seine Apfelbäume – der Garten war sein persönlicher Kampf mit einem konfliktbeladenen, aber geliebten Kosmos. Er würde nicht ewig anhalten, ebenso wenig wie Leonard Woolf ewig leben würde. Doch es lohnte sich weiterzumachen, genauso wie es sich lohnte, Bücher zu lesen und zu schreiben – um eines klareren, geistig gesünderen, ehrliche-

95

ren Lebens willen. Mit seinen schmutzigen Händen und der Kälte in den Knochen stellte sich Leonard Woolf der grundsätzlichen Zwiespältigkeit des Lebens, einem Apfelbaum nach dem anderen.

FRIEDRICH NIETZSCHE: DER GEDANKENBAUM

Alles, was meiner Art ist, in Natur…, redet zu mir, lobt mich, treibt mich vorwärts, tröstet mich –: das Andere höre ich nicht oder vergesse es gleich. Wir sind stets nur in unserer Gesellschaft.
  Friedrich Nietzsche: *Die fröhliche Wissenschaft*

Friedrich Nietzsche lungerte unter einem Zitronenbaum herum und murmelte vor sich hin. Für die Einheimischen von Sorrent war der Obsthain nichts Besonderes – eine Quelle für Zitrusfrüchte und damit Limoncello, ihren berühmten bittersüßen Likör. Aber für den jungen Philosophen – damals dreiunddreißig Jahre alt und auf Urlaub von seiner Professur in Basel –, bedeutete der Zitronenhain sehr viel mehr. Seine geröteten Augen zusammenkniffen vor der herbstlichen Sonne Italiens schützend spazierte Nietzsche unter den Bäumen dahin und hing seinen »gottlosen Gedanken« nach. Es war ein wichtiger Bestandteil seiner täglichen philosophischen Beschäftigung.

Für den empfindlichen preußischen Denker begann der Morgen mit warmer Milch und einer Tasse Tee. Es folgte das Diktat von Briefen oder Ideen an Albert Brenner, einen weiteren jungen Deutschen, der in der Villa Rubinacci weilte, die von der Mäzenin Malwida von Meysenbug gemietet worden war. Dann machte sich Nietzsche auf einen langen Spaziergang, der oftmals viele Stunden dauerte. Seine Ideen kamen ihm, während er dahinschlenderte oder unter dem Laub der Bäume dahinlief. Und sie kamen ihm in rauen Mengen. In ihren Erinnerungen beschrieb Malwida von Meysenbug Nietzsches leidenschaftliche Arbeitswut, während er versuchte, sein neues Buch fertigzustellen, ehe ihn Wahnsinn und Tod hinwegzuraffen drohten (er lebte weitere zehn Jahre vor Einsetzen von Ersterem und zwanzig vor Einsetzen von Zweiterem). Jahrzehnte nach jenem Herbst machte sich Meysenbug die

Mühe, ein besonderes Detail für die Nachwelt zu erhalten. Sie schilderte, wie auf Nietzsche jedes Mal, wenn er unter einem bestimmten Baum stand, ein Gedanke »herabfiel«. Sein Biograf Curtis Cate fügte später hinzu, dass man diesen Baum schon bald Nietzsches »Gedankenbaum« nannte.

Sein ganzes Arbeitsleben hindurch verbrachte Nietzsche viel Zeit mit Sinnieren in Gärten, Parks oder Wäldern. Er brauche einen blauen Himmel über sich, wie er seinem Freund Paul Deussen einmal erklärte, um seine Gedanken sammeln zu können. Aus diesem Grund wählte Nietzsche die Orte, an denen er sich länger niederließ, auch sehr bewusst aus. Sie mussten die für ihn richtige Mischung hinsichtlich Landschaft und Klima haben. In Nizza sah er sich im Jahr 1887 vierzig Häuser an, ehe er sich für eines entschied. Sobald er einmal gewählt hatte, blieb er allerdings nie lange. Seine jährliche Reise bestand aus einer ständigen, meist erfolglosen Jagd nach dem perfekten Wetter. Als er sich im Mai 1879 von der Universität Basel vorzeitig pensionieren lassen musste, floh er nach Davos in die Berge. Doch das Wetter schien nicht vielversprechend, weshalb er nach St. Moritz weiterzog, ins Engadin. Es käme ihm vor wie das Versprochene Land, schrieb er seiner Schwester Elisabeth. Doch sein neuer Garten Eden wurde ihm bald durch Wolken und Schnee verdorben. Also fuhr er weiter nach Venedig, ins böhmische Marienbad, nach Naumburg, Basel und in mehrere weitere italienische Städte. »Wo ist das Land mit viel Schatten«, wollte er von seinem Freund, dem Komponisten Heinrich Köselitz, wissen, »ewig reinem Himmel, gleichem kräftigen Meerwinde von Morgen bis Abend, ohne Wetterumschläge?« Friedrich Nietzsche starb, ohne dass er sein persönliches Paradies jemals entdeckt hätte.

Ein Grund für Nietzsches übertriebene Sorgfalt bei der Suche nach einem geeigneten Wohnort war sein prekärer Gesundheitszustand. Im Jahr 1876, ehe er nach Italien aufbrach, wurde bei ihm extrem starke Kurzsichtigkeit diagnostiziert, die über kurz oder lang zu Blindheit führen sollte. Deshalb verschrieb man ihm Augentropfen aus Tollkirschenextrakt. Verzweifelt beschränkte er sein Lesen auf etwa eine Stunde am Tag – eine absurd kurze Zeitspanne für einen Gelehrten wie Friedrich Nietzsche.

Ein weiterer Grund für seine Wohnortsuche lag in der Tatsache, dass er eigentlich Einzelgänger war, den man leicht durch Tadel, aber auch durch Lob verletzen konnte. Als *Menschliches, Allzumenschliches* 1879 veröffentlicht wurde, litt Nietzsche schlagartig an Übelkeit und Erbrechen – eine psychosomatische Erkrankung, die von dem Wissen herrührte, dass sein Buch nun gelesen werden würde. Seine Beziehung zu Frauen schwankte auch zwischen völliger Hingabe und Depression hin und her, da er sich ganz der Fantasie von einer Liebe oder Ehe überließ, um dann von der Realität überrollt zu werden. Nach dem Scheitern seiner desaströsen *Menage-à-trois* mit Paul Rée und Lou Salomé wurde Nietzsche so krank, dass er bereits plante, sich zu erschießen. Natürlich konnte der Philosoph auch immer wieder geistreich, liebenswürdig und charismatisch sein. Aber er war niemand, der ständige Nähe und Vertrautheit ertrug. Aus diesem Grund sehnte er sich auch häufig nach Einsamkeit. »Dass ich gegen mein vierzigstes Lebensjahr sehr allein sein würde«, schrieb er seinem Freund Franz Overbeck im April 1884 nach der Salomé-Affäre, »darüber habe ich mir niemals Illusionen gemacht.« Für Nietzsches berühmte Gestalt des Zarathustra stellten die

Wälder in den Alpen einen Zufluchtsort vor »Abschaum… Aufdringlinge[n], Unverschämte[n]« dar – Bezeichnungen von denjenigen, die er in den Städten vermutete. Herr Professor Nietzsche sah sich selbst auch nicht als anders. »Wir sind so gern in der freien Natur«, schrieb er in *Menschliches, Allzumenschliches*, »weil diese keine Meinung über uns hat.« Italiens Zitronenhaine waren für den Denker beruhigend menschenfrei – ein kleiner »Lebensraum« beziehungsweise – wie er das in *Jenseits von Gut und Böse* nannte – »die gute Einsamkeit«.

IN UNS SPAZIEREN GEHEN

In der Landschaft suchte der Philosoph auch sich selbst – einen »höheren« Nietzsche, den man am ehesten in Hainen oder in den Bergen und weniger in Kirchen oder Lesesälen fand. In *Die fröhliche Wissenschaft* erklärte er, dass sein Idealgebäude weite Hallengänge und Anlagen bräuchte, um dort der Natur und damit sich selbst näher zu sein. »Wir wollen uns in Stein und Pflanze übersetzt haben«, schrieb er, »wir wollen in uns spazieren gehen, wenn wir in diesen Hallen und Gärten wandeln.« Es war zum einen eine Kritik an der christlichen Architektur mit ihren religiösen Symbolen, die für den Atheisten Nietzsche etwas Bedrückendes hatten. Zum anderen aber wollte er sich durch die Nähe zur Natur auch seiner eigenen existentiellen Fragen besinnen.

Diese Idee hing eng mit Nietzsches radikaler Naturphilosophie und seiner Kritik an der Gedankenwelt des neunzehnten Jahrhunderts zusammen. Zu jener Zeit herrschte ein weitverbreiteter Idealismus. Während die Naturwissenschaften immer mehr an Bedeutung gewannen, blieben viele Wissenschaftler – einschließlich zum Beispiel Darwin – weiterhin gottgläubig und beharrten darauf, dass das mechanische Universum auf einen übernatürlichen Schöpfer zurückzuführen sei. In der Philosophie waren viele der maßgeblichen Theorien christlich oder von Traditionen geprägt, die dem Christentum gegenüber verständnisvoll waren, wie unter anderen der Platonismus. Eine weitere verbreitete Bewegung war die Romantik, eine breit angelegte künstlerische Ausrichtung, für die Gefühle, Spontanität und Natur wesentlich war. Beide Traditionen verstanden Natur als etwas von besonderer Bedeutung oder auch einen bestimmten Sinn verfolgend, der vorrangig von Theologen, Propheten oder Künstlern verstanden wurde.

Nietzsche – der gläubige Sohn eines Pastors und begeisterter Anhänger von Wagner und anderen romantischen Komponisten – war ursprünglich von beiden Traditionen überzeugt. Doch im Laufe der Jahre erlebte er seine Zeitgenossen als ausgesprochen selbstbetrügerisch, da sie fälschlicherweise der Natur menschliche Züge wie Vernunft oder Gefühle verliehen und sich dabei in Sentimentalitäten verloren, anstatt die Welt mit brutaler Ehrlichkeit zu betrachten. Für den Philosophen zeichnete sich das Universum aus durch »fehlende ... Ordnung, Gliederung, Form, Schönheit, Weisheit und wie alle unsere ästhetischen Menschlichkeiten heißen«. Nietzsche konnte nichts mit der Vorstellung der Natur als einen Organismus oder eine Maschine, ein Kunstwerk oder ein göttliches Gesetz anfangen. Für ihn waren das alles irreführende Metaphern, zu denen metaphysische Überlegungen gehörten, welche die Wahrnehmungen untergruben oder Lügen straften. »Alles, was ... bisher metaphysische Annahmen *wertvoll*, *schreckenvoll, lustvoll* gemacht«, schrieb er in *Menschliches, Allzumenschliches*, das er auf seinen Spaziergängen in Sorrent konzipierte, »ist Leidenschaft, Irrtum und Selbstbetrug.« Als echter Denker vermochte Nietzsche das Universum als das zu betrachten, was es war, ohne irgendeine Gottheit, einen übergeordneten Geist oder ein bedeutendes Schicksal als kosmologischen oder existentiellen Garanten zu brauchen.

Doch nach Nietzsche war eine solche philosophische Reife selten. Das aufgeklärte Europa wurde ihm zufolge deshalb vom Gespenst des Nihilismus heimgesucht, den er in seinen Überlegungen über den berühmten Willen zur Macht als besonders unheimlich bezeichnete. Die Zunahme von Vernunft und Naturwissenschaften ginge oftmals Hand in Hand mit Idealismus und Sentimentalität, so Nietzsche. Man müsse nur an Darwins Gottesglauben denken, der den Naturforscher ermutigte, während er seine »gottlose« Hypothese erstellte: Evolution durch natürliche Auswahl. Doch in der gesamten westlichen Welt wurden Mensch und Natur immer mehr einer übernatürlichen Erklärung und Gültigkeitserklärung beraubt. Neue Disziplinen entstanden, die weitere Bereiche empirischen und logischen Analysen unterwarf, unter anderem Psychologie, Anthropologie, Soziologie sowie die verschiedenen Naturwissenschaften (Nietzsche nannte sich selbst einen Psychologen). Traditionelle Ideen von Gott, Seele, göttlicher Gnade oder Schicksal verloren an Boden. Für viele führte dieser Verlust selbstverständlicher Wahrheiten zum Nihilismus. Nach der Erfindung und dem Glauben an ewige und universelle Ideale war der moderne Mensch ohne diese völlig desorientiert und desillusioniert. Ohne eine Art von religiöser oder kosmischer Wertevorstellung gab es auf einmal keine Werte mehr. So schien es zumindest. Deshalb erklärt Nietzsche in *Also sprach Zarathustra* auch kühn vom Tod Gottes. Nicht weil es jemals einen Gott gegeben hatte oder weil der Philosoph ein Gottesmörder war, sondern weil die westliche Welt allmählich ihre eigenen Illusionen zerstörte – und dabei bemerkte, wie sehr sie ins Schwanken kam. Das steckt auch hinter der Tirade des Wahnsinnigen auf dem Marktplatz in *Die fröhliche Wissenschaft*:

> Gibt es noch ein Oben und ein Unten? Irren wir nicht wie durch ein unendliches Nichts? Haucht uns nicht der leere Raum an? Ist es nicht kälter geworden? Kommt nicht immerfort die Nacht und mehr Nacht? Müssen nicht Laternen am Vormittage angezündet werden? Hören wir noch Nichts von dem Lärm der Totengräber, welche Gott begraben? Riechen wir noch Nichts von der göttlichen Verwesung?

Im Widerspruch zu seinem Ruf bestand Nietzsches Antwort auf dieses göttliche Begräbnis nicht darin, sich für eine nihilistische Weltsicht auszusprechen – ganz im Gegenteil. Er glaubte vielmehr, dass die klügsten Köpfe endlich ehrlicher zugeben sollten, was sie schon die ganze Zeit über getan hatten: uns und einander ihren Blick auf das Universum aufzudrängen. Er wetterte gegen den Mythos der Reinheit von Beweggründen in der Kunst und der Wissenschaft. Dabei hatte Nietzsche kein moralisches Problem damit; er wollte einfach nur mehr Transparenz und Aufrichtigkeit. Das steckt auch hinter seinem berühmten »Willen zur Macht«: der Mensch als ein weiterer selbstsüchtiger Organismus, den im besten Fall körperliche Stärke, geistige Klarheit, Mut und emotionaler Reichtum auszeichnete. Nietzsches Vision macht es unmöglich, im Universum oder auch in der Gesellschaft nach ultimativen Werten oder Ideen zu suchen. Diese sind nur bei uns selbst zu finden. »Wie? Ein grosser Mann?«, fragte er in *Jenseits von Gut und Böse*. »Ich sehe immer nur den Schauspieler seines eignen Ideals.«

FREIE GEISTER

Aus diesem Grund war in Nietzsches Kosmologie stets auch der *Prozess* an sich so außerordentlich wichtig: Schöpfung und Zerstörung, Wachstum und Verfall, Geburt und Tod. Für Friedrich Nietzsche lieferte die Natur kein »Sollte« oder »Müsste«, sondern war vollkommen moralfrei. Ihre Stärke lag in ihrer Wankelmütigkeit und ihrer Fruchtbarkeit. Tiere und Pflanzen lebten und starben, doch die Natur als Ganzes experimentierte stetig weiter mit neuen Arten und Lebensräumen. Von ihr können wir die Grausamkeit der Evolution lernen. Aber sie zeigt uns auch Verschwendung: Über die Millionen Jahre hinweg hat die Natur arglos um der Neuerung willen Leben weggeworfen. Es gibt keine Weiterentwicklung, keinen Sinn, sondern nur einen Aufmarsch der Neuheiten, wo es manchmal Schönheit, Stärke und Gesundheit gibt – manchmal aber auch Entstellung, Schwäche und Krankheit.

Nietzsches existentielle Sicht spiegelte sich in diesem Prozess wider. Was er von seinen Übermenschen erwartete – Zarathustra, Dionysos, große Männer, freie Geister –, war nichts anderes, als das, was er auch von sich selbst erwartete:

die Bereitschaft, ohne Schuldgefühle alte Vorstellungen und Werte über Bord zu werfen, ganz gleich, wie schwer es einem auch fallen mochte. In anderen Worten: ehrlich zu sein hinsichtlich der Verantwortung des Menschen für seine Entwicklung, anstatt diese an ein erfundenes Ideal abzugeben. Dahinter steckte ein starker Wille, denn man musste in der Lage sein, Leid, Einsamkeit, Hohn und Trauer zu ertragen, ohne sich in den Trost der Vorstellung einer übernatürlichen Macht zu flüchten. »Wie man mit dem Hammer philosophiert«, nannte er den Untertitel seines Werks *Götzendämmerung*. Nietzsches mit einem Hammer bewaffneter »Übermensch« war allerdings nicht nur ein Zerstörer. Er glaubte auch an Disziplin, Zurückhaltung, Feinsinnigkeit und Zartgefühl. Die Natur lehrte Nietzsche, wie viel von seiner Psyche organisch und instinktiv war, was er jedoch – wie er es in *Die fröhliche Wissenschaft* nannte – mit »Stil« meisterte. Es »sind... die schwachen, ihrer selber nicht mächtigen Charaktere«, schrieb er, »welche die Gebundenheit des Stils *hassen*«. Starke Charaktere wie Nietzsche selbst schufen sich durch »die Leidenschaft ihres gewaltigen Wollens« – selbst wenn sie dabei einsam und krank waren wie der Philosoph.

In dieser neuen Sicht auf die Welt lieferte die Natur die Materialen und Werkzeuge, aber nicht die Blaupause. Die Wissenschaften, Metaphysik oder Theologie gaben keine Sicherheit mehr. Daher rührte auch Nietzsches Verachtung für den Antisemitismus und Nationalismus mit ihren falschen Grundlagen in der Biologie oder dem Staat, sowie sein Widerwille seinem eigenen prototypischen Nazi-Schwager gegenüber, der sich von absurden Ideen deutscher Überlegenheit ködern ließ. Der Mensch war kein Übermensch, sondern vielmehr ein schwacher Narr, unfähig oder unwillig ohne die Sicherheit von Illusionen zu leben. Die Menschheit, so Nietzsche, musste *stärker* sein – um mit sich selbst zu experimentieren, ohne Garantien oder Heilsversprechen – genauso wie die Pflanzen und Tiere. Nietzsches Übermenschen sollten gefährlich leben und Häuser direkt neben dem Vesuv errichten, wie er in *Die fröhliche Wissenschaft* scherzte. Sie mussten wie ein Baum auf einem Kliff sein, wie er in *Also sprach Zarathustra* schrieb: »Still und aufhorchend hängt er über dem Meere« (Man achte auf die Metapher aus der Botanik für Einsamkeit und Überlegenheit). Im wörtlicheren Sinne mussten Nietzsches Übermenschen auf den Besuch von Universitäten und Salons verzichten und sich stattdessen der Verschwendung und den Kräften der Erde aussetzen. Nur im Hausinneren zu sitzen und nachzudenken, war etwas für Nihilisten (dessen bezichtigte er den französischen Schriftsteller Gustave Flaubert).

Für Nietzsche bot der Zitronenhain in Sorrent kein tröstliches Bild für einen gesetzestreuen, harmlosen Kosmos, er bot keinen Rückzugsort. Er stellte für den Philosophen vielmehr eine Herausforderung zum Experimentieren dar – mit seinen Ideen, Werten, seiner beruflichen Laufbahn und seinen Beziehungen. Der »Gedankenbaum« forderte ihn auf, die beruhigenden Sicherheiten von Familie, Klasse und seiner traditionellen Erziehung über Bord zu werfen, um so heftig, unvorhersehbar und innovativ wie die Natur zu sein. In dieser Hinsicht halfen die Gärten Nietzsche, mit seinen radikalen Ideen zur Theorie, Literatur und der deutschen Sprache immer weiterzumachen und nicht abzulassen.

Das Ergebnis war einschneidend. Nicht lange nach seiner Zeit in Sorrent veränderte sich Nietzsches Leben. Bezeichnenderweise sagte er sich zuerst einmal von seinem Idol Richard Wagner los. Das lag einerseits an der herrischen Haltung des Komponisten, der dem jungen Philosophen teilweise zum Beispiel in knappen Briefen anordnete, ihm Hosen zu schicken, was sich auf Nietzsches Kopfschmerzen und Übelkeit nicht gerade günstig auswirkte. Andererseits empfand Nietzsche mit seinem neu entdeckten Naturalismus Wagner viel zu mystifizierend und sentimental – in einem Wort: zu christlich. Er erlebte auch Wagners zunehmende Erhöhung zu einer Art Guru als eine Beeinträchtigung für das Genie des Komponisten. Zu viel Bewunderung beraubte Wagner der konstruktiven Kritik und Gegnerschaft. Der Wettstreit, der große Geister vorwärtsbringt, wurde durch Speichelleckerei ersetzt. Wagner kam ihm nun dekadent und auf sich selbst zurückgeworfen vor. Aus ähnlichen Gründen hatte Nietzsche nun auch Einwände gegen Arthur Schopenhauer, dessen Werk er als Student gerühmt hatte. Während er den unbeugsamen Pessimismus des deutschen Denkers, seine Ansichten und seinen lebendigen Schreibstil weiterhin schätzte, bezichtigte er ihn gleichzeitig nun desselben Verbrechens wie Wagner: sich still und ohne Widerstand aus der Welt zurückzuziehen. Schopenhauers Philosophie sei eine lebensverneinende Philosophie, während der junge Nietzsche zu Instinkt, Fleisch und ihren natürlichen Grundlagen Ja sagen wollte. Der Nietzsche aus den Sorrent-Tagen war zunehmend zu einem Advokaten der Evolution geworden.

Zugleich verbrachte er seit der Villa Rubinacci immer mehr Zeit allein. Gemeinsam mit seinem immer stärkeren Interesse am Naturalismus bestand ein großes Bedürfnis, Basels intellektuellem Klima zu entkommen und stattdessen ans Meer, in die Berge oder zu gelegentlichen Kuren ins Ausland zu flüchten. Er vermied Großstädte, Feste und – nachdem er von der Universität Basel pensioniert worden war – auch ein akademisches Umfeld. Der städtische klassische Gelehrte und Schopenhauer'sche Wagner-Jünger war verschwunden. An seine Statt trat ein einsamer positivistischer Philosoph, der es bevorzugte, sich in Gärten und Parks aufzuhalten anstatt zu lesen, in Kaffeehäusern zu sitzen oder sich mit Professorenkollegen zu unterhalten. Er würde nie eine konventionelle Ehe führen beziehungsweise – wie er bald merkte – überhaupt keine Ehe. Den Konservatismus seiner Mutter und seiner Schwester lehnte er immer vehementer ab (»Wenn ich den tiefsten Gegensatz zu mir suche«, stellte er in *Ecce Homo*, seiner Autobiografie, fest, »so finde ich immer meine Mutter und Schwester«). All das war die Folge seiner Entwicklung hin zum Naturalismus und seinem Drang nach Unabhängigkeit. Sein schlussendlich einsetzender Wahnsinn beraubte ihn dieser Freiheit. Als er in der Obhut seiner Schwester von dieser in seinen letzten Lebensjahren gepflegt wurde, war er sich seines Beitrags zur modernen Kunst und Literatur ebenso wenig bewusst wie der deutschnationalen Pervertierung seiner Gedanken und Schriften durch seine Schwester. Doch als er noch ganz bei Sinnen war, gelang Nietzsche eine eindrucksvolle Distanzierung von konservativen Ideen und ihn ablenkenden Familienverwicklungen. Die Obstgärten und Wälder von Sorrent waren ein Schritt auf Nietzsches Weg zu einem radikalen Philosophen.

So halfen die Zitronenbäume Nietzsche, »posthum geboren« zu werden, wie er das in *Ecce Homo* nannte. In den Jahrzehnten nach seinem Tod im Jahr 1900 hatten seine radikalen Ideen großen Einfluss auf die Moderne. Nicht als einzelnes Denksystem und noch weniger als verherrlichte geistige

Ordnung, wie die Nazis sie für sich zweckentfremdeten, sondern als Vermächtnis einer intellektuellen Kühnheit, Klarheit und Originalität. »Was uns bleibt, ist keine Doktrin, die man predigen kann«, meinte Nietzsches Biograf R. J. Hollingdale, »sondern ein Mensch, ein Sprachkünstler mit großen Fähigkeiten und Kraft sowie ein Philosoph mit faszinierenden Einsichten und strengen Prinzipien.« Einige der großen Denker des zwanzigsten Jahrhunderts – Henri Bergson, Martin Heidegger, Michel Foucault oder Jacques Derrida, um nur ein paar zu nennen – standen in Nietzsches intellektueller Schuld. Die Psychologie mit so bahnbrechenden Werken wie die von Sigmund Freud und Carl Jung ist stark von Nietzsche durchzogen, unter anderem was den pathologischen Konflikt zwischen Individuum und Gesellschaft, das Unbewusste und die instinktive Grundlage von Kunst und Ideen, aber auch die Undurchsichtigkeit des Bewusstseins betrifft. Nietzsche regte auch bildende Künstler und Schriftsteller an, angefangen mit den modernen Romanen von Thomas Mann und Robert Musil bis hin zu Giorgio de Chiricos reglosen, surrealen Landschaften oder Mark Rothkos mythischen Farben. Der Mann, den der Biograf Rüdiger Safranski als »ein Laboratorium des Denkens« bezeichnete, inspiriert auch heute noch das Experiment des modernen Lebens und Philosophierens.

WERDE, DER DU BIST

Ein Garten im Sinne Nietzsches ist eine eindeutige existentielle Herausforderung. Er ist ein Sinnbild seines Diktums, zu dem er sich von dem griechischen Dichter Pindar anregen ließ: »Werde, der du bist.« Offensichtlich bietet die Natur zuerst einmal eine Begegnung mit den blinden Kräften unseres Planeten. Die Erkenntnis, dass der Kosmos inhaltsleer und ziellos ist, kann ausgesprochen befreiend wirken. Auf einmal macht alles Sinn, und traditionelle Werte scheinen kleinlich oder unbedeutend zu sein, was ein erster wesentlicher Schritt auf dem Weg zur eigenen Unabhängigkeit sein kann. Noch wichtiger ist die daraus resultierende Erkenntnis, dass die Natur, *unsere* Natur oder »Physis«, unvollendet ist – dass der Mensch nicht durch kosmologische Gesetze oder eine göttliche Verfügung festgelegt ist. Das ist Nietzsches Hauptargument: Wir sind ein *work in progress*, so wie Sorrents Zitronen und Bäume das waren – nur wir selbst können uns vorsätzlich gestalten.

Als Korrektiv enthüllt der Garten auch, wie schwierig ein solches erzieherisches Projekt zu sein vermag und wie leicht unsere Freiheit kompromittiert werden kann. Ganz gleich, wie modern wir sein mögen – stets sind wir unserem Instinkt, unseren Gewohnheiten und Reflexen ausgesetzt, was sich bei Nietzsche zum Beispiel in seinen frauenfeindlichen Anwandlungen zeigte. Der Garten spiegelt diesen Konflikt wider: Selbst der pedantisch exakt gepflegte Rasen – gemäht, gestutzt und gejätet – ist ständig Kräften ausgeliefert, die Form und Ordnung unterwandern. Doch Nietzsche glaubte, dass wir unsere eigene Natur zähmen können. Deshalb schrieb er auch in *Menschliches, Allzumenschliches* von der »Ernüchterung des Gefühls«. Wir müssen in gewisser Weise ziemlich skrupellos uns selbst gegenüber sein, um Abhängigkeiten, Irrglauben und falsche Idole hinter uns zu lassen. Es geht nicht um ein abstraktes Wissen, sondern um das, was der Philosoph »Stil«

nannte – um ein bemerkenswerteres, würdevolleres und vergeistigteres Leben, das kühn biologische Unvermeidbarkeit mit psychologischer Autonomie zu verbinden verstand. Genau dieses Gleichgewicht entdeckte er in Sorrent, in Röcken, dem Ort seiner Kindheit, und in den Rosen und Geranien von Nizza (die so ganz und gar nicht nordisch seien, wie er schelmisch Schwester und Schwager schrieb). In seinem Beispiel und den Gärten, die ihn dazu anregten, fordert uns Nietzsche heraus, uns selbst mit Mut und Geschick zu kultivieren anstatt uns der Zerstreuung oder dem hinzugeben, was sich angeblich gehörte. »[W]ie wir unser Herz an den Staat, den Geldgewinn, die Geselligkeit oder die Wissenschaft hastig wegschenken«, schrieb Nietzsche in *Schopenhauer als Erzieher*, »bloß um es nicht mehr zu besitzen.«

DER WANDERER

Ein Jahrzehnt nach dem Gedankenbaum in Sorrent verfiel Nietzsche im Alter von vierundvierzig dem Wahnsinn – vielleicht ausgelöst durch Syphilis, mit der er sich bei einer seiner wenigen sexuellen Begegnungen angesteckt hatte. Doch die Landschaft behielt ihre existentielle Bedeutung für ihn. Während er *Ecce Homo* schrieb, begeisterte er sich endlos über den Herbst in Turin. Im Oktober 1888 schrieb der Philosoph etwas manisch: »[D]er herrliche Baumwuchs in glühendem Gelb, Himmel und der große Fluss zart blau.« Geistige Klarheit wurde ersetzt durch eine Art mystische Verklärung. Der Philosoph war nun eher zu einem Propheten geworden. »[E]in Claude Lorrain, wie ich ihn nie geträumt hatte«, schilderte er die Stadt Turin und bezog sich damit auf den französischen barocken Landschaftsmaler. Innerhalb weniger Monate unterzeichnete er mit dem Namen »Dionysos« und schrieb von seinen Plänen, den Kaiser zu erschießen. Im erbärmlichen Zustand seines Wahnsinns war Nietzsche endlich zu seinem eigenen Übermenschen geworden, und die Gärten von Turin strahlten alle diese Tragödie in vielerlei Schattierungen aus.

So traurig das auch sein mag, so wichtig ist es, die Klarheit zu begreifen, mit der er sein Leben lang die Natur in Gestalt von Gärten und Landschaften wahrnahm. Seine ganze Laufbahn als Philosoph hindurch inspirierte Nietzsches ungewöhnliche Sensibilität für die Natur seine Ideen, was sich auch in der Frische und Strahlkraft seines Denkens zeigte, frei von metaphysischem Schwermut und existentieller Trägheit. Nietzsche, der wahnsinnige, Komplott schmiedende Dionysos, war zugleich Nietzsche, der »Wanderer« aus *Menschliches, Allzumenschliches*, der dankbar für seinen Gedankenbaum war:

So mag es wohl einmal dem Wanderer ergehen […] wenn er still, in dem Gleichmaß der Vormittagsseele, unter Bäumen sich ergeht, aus deren Wipfeln und Laubverstecken heraus lauter gute und helle Dinge zugeworfen werden, die Geschenke aller jener freien Geister, die in Berg, Wald und Einsamkeit zu Hause sind und welche, gleich ihm, in ihrer bald fröhlichen, bald nachdenklichen Weise, Wanderer und Philosophen sind.

COLETTE: SEX UND ROSEN

Ich konnte meine Freiheit jederzeit wiedergewinnen, indem ich einfach über ein Tor, eine Mauer oder ein kleines, abschüssiges Dach klettere. Doch sobald ich wieder auf dem Kiesweg unseres Gartens landete, kehrten Illusion und Glaube zu mir zurück.
Colette: *Sido*

Colette war die am meisten gepriesene Schriftstellerin des modernen Frankreichs. Ihre zweite Karriere galt dem Skandal. Sie traf 1893 aus dem provinziellen Burgund als zwanzigjährige Braut eines skrupellosen Schurken in Paris ein, des Autors Henry »Willy« Gauthier-Villars. »In wenigen Stunden macht ein gewissenloser Mann«, schrieb sie über ihren Ehemann in *Meine Lehrjahre*, »aus einem unwissenden Mädchen einen Ausbund an Libertinage [...]« Colette absolvierte ihre literarischen Lehrjahre als einer seiner Ghostwriter, ehe sie ihren ersten Roman, *Claudine erwacht*, veröffentlichte. Die gewagte Geschichte, von ihrem Mann stark redigiert, erzählt von Promiskuität im Teenageralter, lesbischer Liebe, Lehrer-Schüler-Affären und einer zwanglosen Missachtung bürgerlicher Anständigkeit. »Das Buch verspricht mehr für seine Autorin als nur Ruhm, nämlich Märtyrertum«, erklärte Rachide in einer Rezension für den *Mercure de France*, »denn es wird nie genügend Steine oder Dornenkronen geben, um sie damit zu bewerfen.«

Colette ließ sich nicht einschüchtern und verfasste in ihrem »kleine[n] Salon-Gefängnis« weiterhin höchst erfolgreiche *Claudine*-Romane, während Willy seinen Affären nachging. Während ihrer Ehe und nach ihrer erstaunlich einvernehmlichen Scheidung trat Colette zudem als anzügliche Pantomimin in Varietés auf, sehr zur Begeisterung des Publikums und zur Empörung des konservativen Establishments. Sie war modisch lesbisch, ehe das Lesbischsein überhaupt Mode wurde, und ihr Bühnenkuss mit ihrer Geliebten Mathilde (Missy) de Mourny in einer Moulin-Rouge-Pantomime führte zu einem solchen Aufruhr, dass die Polizei gerufen wurde. Während sie als Schauspielerin auftrat, verdingte sich Colette auch als Reporterin für *Le Matin*, Theaterkritikerin, Romanautorin und Dramatikerin – wegen ihres skandalumwitterten Rufs oftmals unter einem Pseudonym.

Währenddessen ging das Drama ihres Lebens weiter. Nach Missy und weiteren Affären mit Männern und Frauen heiratete Colette Henri de Jouvenel und brachte ein Kind zur Welt, das sie ebenfalls Colette nannte (mit Kosenamen Bel-Gazou) und das die meiste Zeit von einer englischen Gouvernante auf dem Land erzogen wurde. Die sogenannte bessere Gesellschaft rümpfte erneut die Nase, als Colette ihren jugendlichen Stiefsohn Bertrand verführte, der etwa dreißig Jahre jünger als sie war. »Sie gehörte zur ersten Generation der sexuellen Revolutionäre des zwanzigsten Jahrhunderts«, stellte Henri de Jouvenels Sekretär fest. Stets Optimistin heiratete Colette ein drittes Mal – diesmal Maurice Goudeket. Ihr ganzes Leben lang schrieb sie ununterbrochen, wobei sie – wie sie das nannte – »eine gnadenlose Kontrolle« über ihre Prosatexte behielt, ohne dabei ihre Vergnügungssucht oder ihren schlechten Ruf zu vernachlässigen. Sie investierte ihr Geld und das ihrer reichen (und vielleicht gutgläubigen) Freunde in »Colette«-Schönheitsprodukte (»Straßenmädchen«-Stil, wie eine ihrer Freundinnen das nannte). Es reicht wohl, wenn man sagt, dass die Kosmetikunternehmerin vor allem eine ausgezeichnete Schriftstellerin war. Colette hatte kein Talent für diese Tätigkeit oder auch Branche, doch sie ging mit derselben Leidenschaft daran, wie sie das bei Literatur, Sex, Essen und Liebe tat. Sie konnte grausam, launisch und hinterlistig sein. Aber in einem konservativen Zeitalter bestand ihr Hauptskandal in ihrer Bereitschaft, als Frau ihre eigenen zahlreichen Begierden auszuleben und zu dokumentieren.

DER PALAIS ROYAL

Mehr als vier Jahrzehnte, nachdem Willy seine Braut zum ersten Mal in Paris präsentierte, lebt Colette immer noch in der Metropole – und zwar in ihrer neuen Wohnung im Palais Royal. Sie sitzt auf ihrem Diwan, ein Pelz über den Beinen. Trotz der Kissen im Rücken und offenen Sandalen fühlt sie sich unwohl. Ihr Rücken und ihre Hüfte schmerzen. Ihre Fesseln und Füße sind geschwollen, und ihre Hand, mit der sie den Parker Duofold festhält, ist durch Arthritis verkrüppelt. Neben ihren Katzen sei der Schmerz ihr ständiger Begleiter. Doch ihre Lampe, mit dem berühmten blauen Papier etwas abgedunkelt, ist an, wodurch ihre Freunde wissen, dass sie schreibt. Weiteres blaues Papier liegt auf einem Kartentisch auf ihrem Schoß, neben ungelesenen Briefen und einer Vase mit üppiger rosafarbener Rosen. Ihr Füllfederhalter gleitet rasch über das Papier – »so leicht wie das Braten eines Spiegeleis«, hatte sie einmal geprahlt. Als Ritter der Ehrenlegion kennt sie sich mit dem Spiel der Literatur noch immer aus.

Während sie schreibt, hört sie die Scharfschützen der Résistance. »Die Schüsse hallten wider von Mauer zu Mauer über den Garten hinweg«, schrieb sie in *L'Etoile Vesper* (Der Abendstern), »und verliehen dem Ganzen etwas ausgesprochen Theatrales.« Colette möchte sich auf ihre Fensterbank lehnen und der Schießerei zusehen, doch es ist ihr zu unsicher (»Sie sind so schlechte Schützen.«) Aber am helllichten Tag genießt sie den Blick aus dem Fenster. Unter ihr sind die geometrischen Anlagen des Jardin du Palais Royal: Repräsentationsbeete aus dem achtzehnten Jahrhundert, die um einen ausgeschalteten Brunnen angeordnet sind, gesäumt von Linden. Der sonnenbestrahlte morgendliche Nebel hat sich aufgelöst, und Colettes Augen wandern zwischen dem hellen Blau des Papiers und den Grüntönen im Freien vor dem Fenster hin und her.

Sie sieht die deutschen Besatzungssoldaten, wie sie mit ihren gehalfterten Pistolen auf- und ablaufen. Sie genießt das ländliche Idyll des Palais Royal direkt vor ihrer Pariser Wohnung – »ein weiteres Haus auf dem Land«, wie ihre Freunde es nennen. Der Duft von Glyzinien, die sie aus dem Haus ihrer Kindheit mitbrachte, steigt ihr in die Nase; Bienen landen auf ihrem Fensterbrett, und Kinder spielen lärmend im Freien. Sie wird hier sterben, und dieser Gedanke hat etwas Beruhigendes für Colette. »Mir gefällt die Idee«, schreibt sie in *Der Palais Royal*, »dass ich mein Ende erleben werde... behütet von den Überresten einer Gartenlaube, die früher einmal Nonnen

Schatten spendete.« Sie kann das Laub der Zitrusblätter beinahe riechen.

Beinahe. Denn Colette ist bettlägerig. Je älter sie wird, desto regelmäßiger wird sie gesundheitlich leiden. Schon jetzt muss man sie ins La Grand Véfour für ihre geliebte Lachspastete hinuntertragen. Das Zimmer fühlt sich klein und stickig an. Die geraden Linien des Gartens sind so weit weg wie ihre Sommerresidenz in Saint-Tropez oder die Rosen aus ihrer Burgunder Kindheit. Sie ist nicht mehr in der Lage, Weinreben schmiedeeiserne Bögen hochranken zu lassen oder Tomaten anzubinden. Während sie mit der linken Hand sanft über ihre drahtig kurzen Haare streicht, schaut sie aus dem Fenster und schreibt dann wieder. Nach einem berüchtigten Leben in der Öffentlichkeit malt sich die Siebzigjährige einen ihrer letzten Träume aus: einen Garten.

»Ich habe keinen Garten mehr«, schreibt Colette in einem

Text der posthum in den USA zusammengestellten Sammlung *Flowers and Fruits*. Egal – sie wird davon träumen. »Das Besorgniserregende wäre«, fährt sie fort, »wenn zukünftige Gärten, deren Realität keine Bedeutung hat, für mich nicht mehr erreichbar wären.« Doch ihr Bewusstsein ist klar. Die Zukunft kann geschrieben werden, wenn sie mehr gelebt werden kann. Sie würde blaue Leberblümchen pflanzen, die einen Korb mit tränenden Herzen umranden würden. Ihre Leberblümchen, sagt sie, würden wie Heinrich VIII. aussehen. Sie würde eine Gartenlaube und ein Spalier für Glockenreben haben. Ihre Vasen wären voller weißer Lilien, während eine Tuberose das Treppengeländer hochranken würde. In einem bretonischen Garten würde Colette Seidelbast pflanzen. Wäre er an einem See gelegen, würde sie sich für japanischen Nelkenpfeffer entscheiden, die Nachtigall unter den Blumen – langweilig anzusehen, aber wunderbar für alle anderen Sinne. »Wie ich dieses ideale Blumenbeet liebe«, schreibt sie, »mit seiner üppigen Borte aus ›Wenn‹.« Es ist eine Wundertüte Colettes ästhetischer Leidenschaften, weshalb Praktisches oder Machbares keine Rolle spielt. Für sie geht es vorrangig um die Fantasie – um gegen jegliche Vergesslichkeit anzukämpfen. »Ich werde sie alle in meine Vorratsgräben pflanzen, einige in meine Erinnerung, andere in meine Fantasie«, fährt sie fort. »Dort können sie noch immer Humus finden, das leicht bittere Wasser, die Wärme und Dankbarkeit, die sie vielleicht vom Sterben abhalten wird.« Durch Colettes literarische Begabung scheinen ihre Fantasien Wirklichkeit zu werden – als befänden sich Humus und bitteres Wasser direkt neben ihrem Diwan.

VIRTUOSES SPIEL

In ihrer »wohlgeordneten Einsamkeit« lebte Sidonie-Gabrielle Colette in zwei Welten, einer realen und einer imaginierten. Da gab es ihre Pariser Wohnung und ständige Unterhaltungsmöglichkeiten: Post von Bewunderern, Blumensträuße, die abgegeben wurden, Besuche des Nachbarn Jean Cocteau, mit dem sie sich ständig einen verbalen Schlagabtausch lieferte, der wie »wertvolle Murmeln« zwischen ihnen hin- und herrollte. Und dann gab es ihr inneres Universum, ihre üppige Borte aus »Wenn« – zwei lange Wege aus Erinnerung und Fantasie, sich hinter ihr zur Kindheit verzweigend und vor ihr in Richtung Tod und Ungewissheit. Die Tendenz, vor sich hin zu träumen, war mehr als nur Colettes fortschreitendem Alter geschuldet. Auch wenn die Jahre ihre Fantasie noch mehr ins Rollen brachten, so war die Veranlagung schon immer da gewesen. Sie liebte das Verblichene und das Werdende gleichermaßen. Das mag schizophren klingen, war es aber nicht. Alle von Colettes Fantasiegespinsten zu vereinen war ein Ideal innerer Ruhe, das sich für sie nur in der französischen Landschaft fand, vor allem in den dortigen Blumen.

Das rührte zuerst einmal von ihrer Kindheit im ausgehenden 19. Jahrhundert in der Rue de l'Hospice in Saint-Sauveur-en-Puisaye her, einer Gemeinde in Burgund. Ihre Mutter Sidonie – kurz Sido – war eine begeisterte Gärtnerin, die ihre Alltagssorgen an der frischen Luft abschüttelte. »Sie ging in den Garten«, erinnerte sich Colette in *Sido*, »und sogleich ließen ihr Groll und ihre nervöse Anspannung nach.« Das ganze Jahr über kümmerte sich Sido um ihre »Kleinen«: Reihen junger Topfpflanzen, die auf grünen Holzstufen standen. Colette kratzte einmal in der leblos aussehenden Erde eines solchen Pflanzentopfs und versuchte, die Blumenzwiebel oder die Samen zu entdecken. »Du bist nichts als eine kleine achtjährige Mörderin«, erklärte ihr die Mutter wütend. Sido war auf ihre Blumen versessen und bekannt dafür, dass sie sich weigerte, Rosen für Begräbnisse oder Pelargonien für Fronleichnam herzugeben. Wenn sie auch mit der staatlichen Religion nichts anfangen konnte, so lag in diesem Verhalten doch etwas Andächtiges, was sich auch auf Colette übertrug. »Der jeweilige Stil und die Art von Dingen, die wir später im Leben lieben, werden in jenem Moment festgelegt«, schrieb sie in *Autumn* (Herbst), »in dem der klare Blick des Kindes jene Fantasiegestalten auswählt und formt, die es sein Leben lang begleiten werden.« Narzissen, die den Frühling verkünden, ein Familienfest, gestaltet wie ein Blumenstrauß, schneebekleidete Nadelbäume – all das gab Colette die für sie so charakteristische Bildsprache. Ihr ganzes langes Leben lang freute sie sich über Pflanzen. Sie färbten sich auf ihre Prosa ab, angefangen mit *Claudine erwacht* (ihre jugendliche sapphische Protagonistin Claudine liebt »tiefe, wildernde Wälder«) bis zu ihren letzten Erinnerungen und Essays.

Ihre Biografin Judith Thurman bemerkt, dass glückliche Kindheiten »so selten in Biografien« zu finden seien »wie in Romanen« und stellt Colettes friedliche Kindheit als allzu gut passenden Kontrast zum Pariser Zynismus in Frage. Doch woher Colettes Fantasien auch immer stammen mochten – ob sie den Tatsachen entsprachen oder erfunden waren –, sie begleiteten sie jedenfalls ihr Leben lang. Ihr Werk ist voll von botanischem und gärtnerischem Detailwissen, das oft aus ihrer Burgunder Kindheit herrührt. »Ich tauche in einen mir früher einmal sehr vertrauten Pfad in einem Tempo ein, wie ich ihn damals auch entlanglief«, schrieb sie in *L'Etoile Vesper*. »Ich bewege mich auf die große, knorrige Eiche zu, auf den ärmlichen Bauernhof, wo mir Apfelwein und Brot mit Butter stets so großzügig gereicht wurden.« Wenn es sich bei solchen Szenen tatsächlich um Erfundenes handelt, dann war das offenbar notwendig für sie. Als jemand, der an Schlaflosigkeit litt, verbrachte Colette ganze Nächte damit, durch die Landschaften ihrer Vergangenheit zu wandeln – was sie ihr »virtuoses Spiel mit der Erinnerung« nannte.

Auch in der Zukunft, die sie sich ausmalte, gab es Gärten. Im Jahr 1925, als sie Anfang fünfzig war, erwarb Colette ein Anwesen in Saint-Tropez. Sie kaufte es nicht wegen des Hauses und noch viel weniger der Geldanlage oder des Prestiges wegen (damals war Saint-Tropez noch ein Ort, wo man gut Meeresfrüchte bekommen konnte und keiner, wo man »gesehen« wurde). Sie kaufte es um der mediterranen Landschaft und der vier Morgen Land willen. »Da ist ... ein Haus«, schrieb sie, »aber das zählt weniger.« Sie nannte den Ort »La Treille Muscate«, Die Weinrebe. Sobald er ihr gehörte, begann sie ihren idealen Garten zu erfinden. Sorgfältig listete sie Tomaten, Auberginen, Estragon, Salbei, Minze sowie gelbe, rosafarbene und rote Rosen. Einen violetten Ansatz widmete sie den Rebstöcken, die gusseiserne Bögen hochkletterten und sich über der Erde rankten. »Schon lyrisch, schon ekstatisch?«, tadelte sie sich selbst, rechtfertigte dann aber ihre Begeisterung: »Die Küste des Mittelmeers hat schon so manchen kühlen Kopf berauscht.« Wie viele Hausbesitzer damals und heute entwarf auch Colette aufgeregt Pläne für ihr neues Anwesen. Doch ihre Ideen waren mehr als ein Entwurf, den man beiseiteschob, sobald das Ganze real wurde. Die Ideen *waren* das, worum es ging und mit denen sie sich im Geiste beschäftigen wollte. Daher auch ihre bacchantischen Schilderungen, ihr Schwelgen in »Trauben mit ihren prallen Kurven«, dem »Wind voller Harzduft« und der »gelbe[n] Rose, die nach einer delikaten Zigarre duftete«. Es war eine Fantasie, die sie um der Fantasie willen in vollen Zügen genoss.

Es geht nicht darum, dass Colette die Gegenwart und Realität nicht wahrnehmen wollte oder konnte. Auch mit über achtzig Jahren blieb sie stets geistig bei vollem Bewusstsein. Nach einem Besuch im März 1948 bei der alternden Schriftstellerin erzählte Simone de Beauvoir ihrem Geliebten Nelson Algren, dass diese so lebendig sei, dass »niemand auf die Idee käme, jüngere, attraktivere Frauen auch nur ansehen zu wollen«. Sie war kein tattriger Anachronismus. Für Colette war das Unerledigte, nicht Verwirklichte – Vergangenheit und Zukunft, Verfall und Erneuerung, Erinnerung und Erfindung – vielmehr gleichermaßen real und gleichermaßen wertvoll, um darüber nachzudenken und sich daran zu freuen. In ihren Fantasien hatte sie immer wieder Visionen von bretonischer Erde, üppigen Rosen und Rebstöcken. Für Colette waren solche Vorstellungen regenerierend und kraftspendend.

GRUNDLEGENDES UNVERMÖGEN

Vor allem der Garten befreite Colette von ihrem eigenen Verlangen. Wie ihre hemmungslosen Affären zeigen, wurde sie von besonders heftigen Sehnsüchten geleitet. Doch wie viele, die sich selbstvergessen Grenzüberschreitungen hingeben können, wusste sie um die Vergänglichkeit solcher Freuden. Daher auch die ständige Enttäuschung ihrer Geliebten in *Diese Freuden*, die bei ihrem Gegenüber nach einer Unterbrechung in der existentiellen Entbehrung suchten, obwohl Entbehrung ihr fundamentaler Zustand war. »Die Liebhaber«, fasst Thurman zusammen, »bereiten Vergnügen, können es aber nicht selbst annehmen. Oder sie nehmen es und können es nicht geben ... Alle fühlen sich seltsam hintergangen an.« Das bedeutete allerdings nicht, dass es für Colette keine Lust gab – ganz im Gegenteil. Die Jagd nach dem Vergnügen konnte zu einer Obsession werden, gerade weil es so flüchtig war. Auch in späteren Jahren war da noch die kurze, heftige Erregung beim Sex mit dem viel jüngeren Stiefsohn, das große Vergnügen beim Essen einer üppigen Lachspastete oder beim Spüren einer kühlen Brise am Fuß, der in einer offenen Sandale steckte. Diese Befriedigungen waren allerdings die Ausnahme, nicht die Regel. In Colettes Sicht auf die Welt herrschte meist der Kampf jeder gegen jeden, wo ständig etwas begehrt wurde und man gewöhnlich im Wettstreit lag. »Wie viele Verbrechen«, schrieb Colette in einem Text in *Flowers and Fruit*, »die von einem Königreich einem anderen zugefügt werden!« In Colettes Universum hörte das Begehren nie auf. Man entdeckte nur andere Dinge, nach denen man sich dann verzehrte – in einer endlosen Schleife.

Für Colette war Begierde ein zentrales, existentielles Thema. Es begann mit dem Essen: Als kleines Mädchen mit Fieber schob sie das verschriebene Hühnchen und den Reispudding beiseite und seufzte: »Ich möchte bitte etwas Camembert.« Nachdem sie einmal eine heftige Lebensmittelvergiftung durchlebt hatte, schlug sie sich den Magen mit

Kohlrouladen, Apfelwein und Johannisbeerkuchen voll – je üppiger das Mahl, desto schneller wurde sie wieder gesund. Sie war überzeugt, dass ihre Freundin Annie de Pène, die 1914 der Spanischen Grippe erlag, gestorben war, weil sie sich nicht gut genug ernährt hatte. »Die Grippe erwischte sie mit schwachen Abwehrkräften«, schrieb sie in einem Brief, »soll heißen: mit leerem Magen.« In der Hoffnung, das fehlende Essen stellvertretend bei Annie de Pènes Tochter ersetzen zu können, versuchte sie diese zuerst mit Trauben und dann mit Krabben bei Prunier zu trösten. Für Colette heilte das Essen psychische und körperliche Missstände.

Als sie als sehr junge Frau zum ersten Mal Sex erlebte, entwickelte dieser eine ähnlich stärkende Wirkung, zumindest für einen der beiden Partner. In *Diese Freuden* beschrieb Colette dies, als würde es sich bei einer Liebesbeziehung um Parasitismus handeln – Liebhaber entweder als Vampire oder als Opfer. Sie schilderte »Menschen, die sich von mir füllen und mich dann leer und ausgenommen zurückließen«, wie das zum Beispiel bei ihrem belesenen jugendlichen Stiefsohn, Bertrand de Jouvenel, der Fall war, den sie verführte, als sie in ihren Fünfzigern war. In ihrer eigenen Jugend ließ sie sich hingegen von dem liederlichen Willy »füllen«. Colette war, wie sie später in *Meine Lehrjahre* schilderte, eine jener »kaum heiratsfähigen Mädchen« gewesen, »die davon träumen, ein Spektakel, ein Spielzeug, das erotische Meisterwerk eines älteren Mannes zu sein«. Für Colette bedurfte es bei der Lust meist einer Hierarchie – Herr und Sklave, Dominanz und Unterwerfung, Raubtier und Beute. »Ich liebe niemanden, den ich beherrschen kann«, erklärt ihre fünfzehnjährige Heldin Claudine, die von ihrem Liebhaber ein wenig unterjocht werden möchte. Selbst Colettes Verbindungen zu Haustieren und Kindern waren »greifvogelartig«, wie sie das nannte. Sie musste »erobern und unterwerfen«, damit der andere ihr nicht dasselbe antat. Ein Kind sei, so schrieb sie in *Claudines Mädchenjahre*, »ein glücklicher kleiner Vampir.«

Wie all das vermuten lässt, spielte Colette in ihrem Leben gerne beide Rollen und tat sich in jeder hervor – sowohl als naive Kindfrau mit langen geflochtenen Zöpfen als auch als rücksichtslose Verführerin, als kapriziöses, launisches Kind und als strenge Mutter. Im Zentrum beider Rollen stand stets das Verlangen: Jemand musste immer »gefüttert« werden, sei es gastronomisch, triebhaft oder psychologisch. Aus diesem Grund litt Colette auch an einer ständigen Angst vor Leere, einer Leere in ihr selbst und in der Welt. »Sie verabscheut das Vakuum«, schreibt Thurman, »und ihre berühmte Unersättlichkeit steht proportional zu ihrer übertriebenen Angst von jeglichem grundlegenden Unvermögen.« Daher rührte wohl auch Colettes bezeichnender Appetit auf Camembert, Bordeaux oder grenzüberschreitende Liebe. Es waren alles Versuche, jegliche körperlichen oder geistigen Entbehrungen abzuwehren.

»UNEIGENNÜTZIGE BOTANISCHE LEIDENSCHAFT«

Der Garten scheint eine seltsame Medizin für diesen unstillbaren Hunger zu sein. Schließlich sind Rosen und Trüffel genauso wie französische Schriftstellerinnen Kreaturen von Verlangen. Sie nähren sich, pflanzen sich fort, sterben. Colette war sich dessen immer wieder einmal bewusst, doch selten lange. Pflanzen bekamen bei ihr immer eine Freikarte. So sinnierte sie zum Beispiel in *Prisons et Paradis* (Gefängnisse und Paradiese) über Blumen im Lichte moderner Wissenschaft und des Kinos. Sie setzte sich mit der Theorie auseinander, dass Forschern zufolge Pflanzen ein Nervensystem hätten und deshalb genauso Schmerzen und vielleicht sogar Angst und Wut erleben würden. »Was? Sind Blumen dann vielleicht auch grausam?«, schrieb sie. »Sind auch sie Sklaven einer fordernden Sexualität? Haben sie grausame und unbarmherzige Launen?« Im Kino wurden Pflanzen zu jener Zeit riesig vergrößert dargestellt und mit einer zeitraffenden Kamera aufgenommen. Eine Staudenwicke wirkte wie eine Python, eine Lilie wie ein Krokodil. Colette verstörten diese Bilder, aber sie unterdrückte ihr Entsetzen und konzentrierte sich stattdessen auf rosigere Aussichten. »Das möchte ich lieber gar nicht wissen«, schrieb sie in einem Text in *Flowers and Fruits* über eine stinkende Aasblume, umgeben von sterbenden Fliegen. »Soll dieses kleine dunkle Geheimnis doch in den Tiefen jener Blüte mit schlechtem Ruf bleiben.« Blumen mussten in Colettes Welt rein sein. Für sie stellten sie eine beinahe übernatürliche Unterbrechung der sonstigen Gesetze im Universum dar. So lassen sich auch die Szenen in *Claudine erwacht* erklären, wo Claudines Stadt in eine Gartenlaube verwandelt wird, eine Art jugendliches Fantasieland voller Blumen.

Das mag an Jean-Paul Sartres »schlechten Glauben« erinnern – zum einen den unersättlichen Willen der Pflanzen zu erkennen, um ihn im nächsten Atemzug zu leugnen. Und Colette verfolgte in ihrem Leben oder ihren Büchern sicherlich keine philosophische Beständigkeit. Vielleicht bezeichnete Sartre sie auch deshalb als »heiliges Monster«, nachdem er einmal mit ihr zu Abend gegessen und festgestellt hatte, dass die normalen Regeln von gelehrter, intellektueller Unterhaltung bei ihr nicht ankamen. Doch ihre Liebe für Blumen und Gärten gab ihr eine echte Atempause von ihrem eigenen ansonsten so grausam leidenschaftlichen Universum. Während ihre Gier nach Sex und Essen für sie nie ganz befriedigt werden konnte, halfen ihr die Pflanzen, jegliches Verlangen außen vor zu lassen – weniger hungrig und damit kontemplativer zu sein.

Für Colette hatten Blumen nichts Abgründiges, Wechselhaftes oder Unbeständiges. Sie logen, betrogen und hintergingen nicht. Sie waren das, was sie waren – ob 1880 oder 1932, in Paris oder Burgund. Einfach gesagt: Blumen waren direkt, sie hatte ein simples und beständiges Wesen. Deshalb verspürte Colette auch nicht das Bedürfnis, sie zu verführen oder zu nötigen (sie tobte, wenn Städter das unbekümmert taten: »Die Pariser ersticken alle Blumen im Keim«, schimpfte sie). Es reichte ihr, die Gesetze der Natur zu beobachten, was sie eine »Anstrengung, die nach Vollkommenheit strebt« nannte. Anstatt Blumen als Angreifer oder als Beute zu sehen, betrachtete Colette sie mit einer inneren Gelassenheit. In *Prisons et Paradis* beschrieb sie diese Haltung als ihre »uneigennützige botanische Leidenschaft«. So betrachtet waren Blumen keine Dinge mehr, die sie abschätzen und beeinflussen musste. Jede hatte dabei für Colette ihre eigene Persönlichkeit, was sie zum Beispiel in *Prisons et Paradis* schilderte:

Rose, deinen Umfang erweiternd, dann wieder schrumpfend, verdreht, getarnt und fügsam in den unberechenbaren Händen des Menschen, hast du trotz allem noch immer die Kraft, uns aus der Reserve zu locken, in uns all das zur Ruhe zu bringen, was vom Irrsinn alter Liebe übriggeblieben ist.

Colettes Rose ist nicht nur dekorativ. Sie ist eine Einladung, sich ihre unverwechselbare Persönlichkeit vorzustellen – das, was Arthur Schopenhauer als »Kontemplation« bezeichnete. In diesem Zustand lässt man »die gewöhnliche Betrachtungsart der Dinge fahren«, schrieb Schopenhauer. Jetzt sieht man »nicht mehr das Wo, das Wann, das Warum und das Wozu an den Dingen ... sondern einzig und allein das *Was*.« Bei Colette bedeutete das eine Art von fantasievoller Rekonstruktion. Sie begann mit der Erkenntnis, dass Blumen nicht wie Tiere ausgeprägt individualisiert sind, sondern ihre Persönlichkeit über die einzelnen Pflanzen hinauswies. Colette nahm ihre regelmäßigen Formen, Farben und Rhythmen und verwandelte sie in eine universelle Persönlichkeit – das, was Schopenhauer »die ewige Idee« der Pflanze nennt. So sind für Colette Leberblümchen wie Heinrich VIII., »gewöhnlich, aber würdevoll ... selbstzufrieden ... rasch verwahrlost«. Rosen hingegen hatten für sie Dynastien, mit Hunderten von Blumen wie Schwestern in einer dynastischen Linie (»Nicht ganz anders, aber auch nicht ganz gleich«, schrieb sie). Das ist es, was Alain in Colettes Roman *Eifersucht* im alten Garten seiner Mutter so liebt: die Kontinuität, die trotz der vielen Jahre weiterhin besteht. »Oh, derselbe Salbei, genau derselbe Salbei!«, ruft er, nachdem er seine junge Frau für den Garten seiner Mutter verlassen hat. Für Colette war diese Idee eine literarische Erfindung, bei der sie Fantasie mit detaillierten botanischen Beobachtungen verknüpfen konnte. So wollte sie eine weniger berechnende, großzügigere, andere Art von Leben porträtieren.

Gegen Ende wurde Colettes Leben viel häufiger von diesem ruhigen Idealismus durchzogen. So schrieb sie zum Beispiel über den vorherrschenden Gleichmut in ihren Beziehungen. Das ewige Hin- und Herschwingen des Pendels von »Geben und Nehmen« ermüdete sie inzwischen, und sie lernte sich mit »ihresgleichen zu amüsieren«. Das lag einerseits daran, dass die Lust im Alter abnimmt, andererseits jedoch an der kontemplativen Stimmung, die sie im Garten an den Tag legte – eine neue Distanz, Objektivität, eine neue Zurückhaltung. Anders gesagt: Sie suchte keine neuen Liebesbeziehungen, ungewöhnliche Speisen oder seltene Weine. Stattdessen trat sie Altbekanntem *anders* gegenüber. Sie lernte, »die kleine rosafarbene Schnauze der Liebe«, wie sie das einmal nannte, mit einem weniger begehrlichen Blick zu begegnen – etwas, was sie teilweise durch Gärten im Allgemeinen und Blumen im Besonderen gelernt hatte. Wie ihre Mutter befreiten diese auch Colette, indem sie ihr beibrachten, wie man sein Bewusstsein ändert.

Diese Befreiung fand nur partiell statt, um es milde auszudrücken. Zum Glück für ihre Leser erreichte Colette nie den langweiligen, buddhistisch anmutenden Gleichmut, den Schopenhauer empfahl. Sie war viel zu gierig und lebenssprühend, um Enthaltsamkeit, Keuschheit oder Isolation zu ertragen. Ihr Schreiben hatte ebenfalls etwas von einer heftigen Besessenheit, bei der sie eine Figur mit dem richtigen Wort oder Satz oder der passenden Metapher wie einen Schmetterling mit der Nadel durchbohrte. Ihre Manuskripte waren voller Streichungen und Verbesserungen. »Tief in mir ist ein müder Geist«, erklärte sie in *L'Etoile Vesper*, »der noch immer einem Gourmet gleich nach einem besseren Ausdruck und dann nach einem noch besseren sucht.« Bis zu ihrem Ende behielt sie das bei. Mit fast achtzig und nicht mehr ständig in Gesellschaft oder bei ganz klarem Bewusstsein war Cocteau dennoch von ihrer Präsenz beeindruckt. »Sie kommt in die Bar, von dem Barkeeper im Rollstuhl hereingefahren«, schrieb er. »Ich erkenne ihre wunderbaren Augen, wie sie in den besten Marennes-Austern schwimmen, ihre Olivenbaum-Haare und ihren an eine Pfeilspitzenwunde erinnernden Mund.«

Neben dieser Leidenschaft gab es jedoch immer auch Colettes Idealismus, ihre große Liebe für die französische Landschaft und ihre Flora. Kurz nach dem Zweiten Weltkrieg veröffentlichte Colette in ihren Siebzigern *L'Etoile Vesper*. In einer bewegenden Passage stellt sich die Schriftstellerin vor, wie es wäre, wenn sie das Schreiben gänzlich aufgeben würde. Ihre Begleiter in diesem imaginierten Ruhestand? Weder ihr Ehemann Maurice noch die aufgespießten Schmetterlinge in ihrem Schlafzimmer oder ihre Kristallglassammlung. Nur Blumen. »Ich bin für niemanden zu Hause«, stellt sie sich vor zu sagen, »nur für dieses viereckige Vergissmeinnicht, für diese Rose in Gestalt eines Wunschbrunnens, für die Stille, in welcher der Laut, den der Geist von sich gab, als er nach dem richtigen Wort suchte, gerade erstarb.«

Am 2. August 1954 lag Colette im Alter von einundachtzig Jahren auf ihrem Totenbett und blätterte ein illustriertes Buch über Vögel und Schmetterlinge durch. Sie war schwach und still. Auf einmal zeigte sie mit einer ausholenden Geste von ihrem Buch zum Fenster hinaus »Schaut«, sagte sie zu ihrem Mann Maurice und der Haushälterin Pauline. »Schaut!« Das waren Colettes letzte Worte.

JEAN-JACQUES ROUSSEAU:
BOTANISCHE BEKENNTNISSE

Ich bin überzeugt, dass das Studium der Natur in jedem Alter ...
dem Geist heilsame Nahrung liefert, indem sie ihn mit einem
Thema erfüllt, das einer Betrachtung mehr als würdig ist.
  Jean-Jacques Rousseau:
  Brief an Madame Etienne Delessert, 1771

Das größte Talent des Philosophen Jean-Jacques Rousseau lag nicht in der Logik, der Moralethik oder der Metaphysik. Es lag in seiner Selbstdarstellung. Mit seinem literarischen Werk hinterließ Rousseau ein bemerkenswertes Bildnis seiner selbst, eines neuen Franzosen im achtzehnten Jahrhundert: kühn, ernsthaft und gerecht. Dieses Selbstbildnis war natürlich stark idealisiert, wie sich bei seiner Selbstbeschreibung in den *Bekenntnissen* deutlich offenbarte. Ihn zeichne das »angeborene Wohlwollen für alle [s]eine Mitmenschen, [s]eine glühende Liebe zu allem Großen, Wahren, Schönen und Gerechten« aus, die »Unfähigkeit zu hassen und jemandem Abbruch zu tun, ja auch nur es zu wollen«. Ganz dem gefühlsbetonten Geist der Zeit entsprechend und mit mehr als nur ein wenig Selbstgefälligkeit hielt sich Rousseau nicht im Geringsten zurück, wenn es um die literarische Schilderung der Vorzüge seines Charakters ging.

Rousseaus dichterische Begabung verschaffte ihm reiche Mäzene wie den Herzog und die Herzogin Montmorency-Luxembourg, die ihm bei sich Kost und Logis boten und ihn gegen Kritiker verteidigten (die Herzogin hoffte, sich so eines Tages seine Freundschaft zu verdienen). Rousseau inspirierte auch die führenden Köpfe der Französischen Revolution, die ihn zu einem modernen Märtyrer der Wahrheit hochjubelten. Der schottische Philosoph Thomas Carlyle spottete einmal, dass die zweite Auflage von Rousseaus *Gesellschaftsvertrag* wohl in den Häuten jener gebunden worden sei, die es gewagt hatten, sich über die erste Auflage lustig zu machen. Tatsächlich achteten die bürgerlichen Revolutionäre oftmals nicht auf den *Gesellschaftsvertrag*, doch Rousseaus autobiografische und fiktionale Werke – wie seine *Bekenntnisse* und *Julie oder Die neue Heloise* – hielten die Erinnerung an seine eigene Selbstdarstellung mehr als wach. Frankreich mochte während des Ancien Régime durch und durch korrupt, verlogen und selbstsüchtig gewesen sein, Rousseau hingegen war angeblich immer aufrecht, ehrlich und altruistisch. »Göttlicher Mann«, erklärte der Revolutionär Maximilien Robespierre einmal voller Pathos, »ich habe all Eure erhabenen Eigenschaften betrachtet. Ich habe all die Sorgen eines edlen Lebens verstanden, das der Kultivierung der Wahrheit dient.«

Doch Rousseaus Tugenden, ob nun echt oder erfunden, wären ohne seine schriftstellerische Begabung im Nichts verschwunden. Rousseau, der Autor, erfand Rousseau, den Heiligen – und zwar mit großer Kühnheit, Poesie und pfiffiger Intelligenz. Als er 1750 mit dem Preis der Akademie Dijon für seinen Aufsatz über die Künste und die Wissenschaften ausgezeichnet wurde, waren die darin vertretenen Argumente – ein Verbalangriff auf die Verkommenheit und Schwächen des intellektuellen Lebens – keineswegs originell. Römische Satiriker hatten dieselben Einwände mehr als tausend Jahre zuvor bereits ebenfalls erhoben. Was den Essay jedoch so eindrucksvoll machte, war Rousseaus Schreibstil, den sein Biograf J. H. Huizinga als einen »übertreibenden, aufsässigen, um nicht zu sagen beleidigenden Tonfall« bezeichnete. Er ermöglichte Rousseau den Zugang zu den Pariser Salons, während ihm seine Heftigkeit und Selbstgerechtigkeit die Bewunderung genau jener Aristokraten einbrachte, über die er sich so eloquent empörte. Rousseau hatte das Talent – wie er in seinen *Bekenntnissen* zu Recht schrieb – nützliche, wenn auch nicht gern gehörte Wahrheiten mit Durchschlagskraft und Kühnheit zu benennen.

VERZÜCKUNG UND EKSTASE

Über lange Zeiträume hinweg gehörte das Schreiben jedoch nicht zu Rousseaus ersten Leidenschaften. Im Herbst 1765 befindet sich Rousseau nicht mit der Feder in der Hand in seinem Studierzimmer, sondern auf dem Bauch liegend in den Wäldern von Saint-Pierre, einer Insel im Bielersee. Hier war Rousseau im Exil.

Sein *Emile oder Über die Erziehung* war drei Jahre zuvor erschienen und sowohl von der römisch-katholischen als auch der evangelischen Kirche verurteilt und stark zensiert worden. Ihm wurde vorgeworfen, dass er ketzerische Ideen – unter anderem die Ablehnung der Ursünde und der Offenbarung – in den Mund eines katholischen Priesters legte und zudem das Buch unter seinem eigenen Namen veröffentlichte (einem anonymen Radikalismus war Frankreich gegenüber toleranter eingestellt). Seine Bücher wurden verbrannt, sein Leben war in Gefahr, und er sollte verhaftet werden. Also floh er aus Frankreich nach Môtiers in der Schweiz und dann weiter nach Saint-Pierre, als sein Haus mitten in der Nacht mit Steinen beworfen wurde.

Verborgen in den Wäldern der Insel wirkte Rousseau wohl wie ein waschechter Ikonoklast – exzentrisch gekleidet in eine armenische Robe, mit sibirischem Fuchspelz gesäumt, und mit einer Kappe aus grauem Eichhörnchenfell auf dem Kopf (eher an einen Trapper als an Martin Luther erinnernd). Zu seiner Linken lag auf einem mit Flechten bedeckten Stein eine Ausgabe von Carolus Linnaeus' *Systema Naturae*, dem Werk des großen schwedischen Naturforschers. In seiner rechten Hand hielt Rousseau ein Vergrößerungsglas und betrachtete damit die violette Blüte einer Kleinen Braunelle, auch *Prunella vulgaris* oder manchmal Selbstheil genannt. Die mit Pollen be-

deckten Staubgefäße der Pflanze sind lang und gegabelt – für Rousseau ein Trick der Natur für eine bessere Befruchtung, der ihm große Freude machte.

Rousseau verbrachte auf diese Weise viele Stunden nach dem Frühstück. Er zeichnete, machte Notizen und brachte oft Pflanzenteile mit nach Hause, um sie zu trocknen oder genauer zu analysieren. Gewissenhaft sammelte er seine Beobachtungen des Aufbaus und der Fortpflanzung der Pflanzen, um so allmählich sein Buch *Flora Peninsularis* zusammenzutragen – eine Studie des Pflanzenlebens auf der Insel. Es war die vergnüglichste Beschäftigung des berüchtigten Philosophen in der Einsamkeit (in seinen *Bekenntnissen* hielt er noch andere, deutlich peinlichere Details jener Zeit fest). »Nichts könnte außerordentlicher sein«, erinnerte er sich in *Die Träumereien des einsamen Spaziergängers*, die er 1778, zwei Jahre vor seinem Tod und wieder in Paris zurück, verfasste, »als die Verzückungen und Ekstasen, wie ich sie bei jeder neuen Entdeckung empfand.«

GENIALES GOSSENKIND

Die Pflanzen von Saint-Pierre waren die perfekte Gesellschaft für Rousseau, dessen Freundschaften stets überaus stürmisch verliefen. Philosophen wie Diderot respektierten ihn, brachen aber wegen seiner Grobheit, Schmähungen gemeinsamer Freunde und seiner Selbststilisierung als Opfer irgendwann den Kontakt zu ihm ab. Madame d'Epinay, eine Mäzenin, der er vorwarf, gegen ihn zu intrigieren, bezeichnete ihn später als einen »moralischen Zwerg auf Stelzen«. Der schottische

Philosoph David Hume, bei dem Rousseau während seines Exils von Frankreich in England wohnte, versuchte, ihm ein Gehalt vom König zu sichern. Für seine Bemühungen wurde er der Grausamkeit und Verschwörung von Rousseau bezichtigt. »Sie haben mich nach England gebracht«, schrieb Rousseau dem verblüfften Mann, »um mir angeblich Asyl zu gewähren, doch in Wahrheit wollten Sie mich in den Schmutz ziehen.« Zu jenem Zeitpunkt zeigte Rousseau Anzeichen von Wahnsinn, der ihn in seinen letzten Lebensjahren quälte. Doch selbst ohne Wahnsinn war er oft reizbar und undankbar.

Er fühlte sich in den Pariser Salons als Außenseiter und neben geistreichen Philosophen wie Voltaire ungeschickt und tölpelhaft. Rousseau war zu launisch und undiszipliniert, um ständig gewissenhaft zu arbeiten und zu schreiben oder sich ein höfisches Benehmen anzueignen. »Ich überlasse mich«, schrieb er in einem Brief, »den Eindrücken des Moments.« Unfähig, sein Benehmen oder auch seinen Geist zu verfeinern, aber ebenso unwillig, seinen Wunsch nach Anerkennung und Ruhm deshalb aufzugeben, trat er den Rängen des gebildeten Frankreichs bei, indem er dessen Gelehrte, Künstler und Mäzene auf das Heftigste attackierte. »Rousseau war der größte militante Banause der Geschichte«, schrieb der Philosoph Isaiah Berlin, »eine Art genialer Gossenjunge.«

Dementsprechend hatte Rousseau viele gebildete und begabte Bekannte, fühlte sich aber in der Welt der französischen Intellektuellen nie zu Hause. Diese Fremdheit erklärt zum Teil, warum er die Pflanzen von Saint-Pierre so liebte. Rousseaus autobiografische Werke waren voll dankbarer Beschreibungen der Stille der Natur im Gegensatz zum intellektuellen Gerede. Die Kleine Braunelle machte sich nie über seine Ideen,

Kleider oder Affären lustig; sie verbreitete weder Klatsch noch Verleumdungen. Die Pflanzen lenkten ihn zudem von dem Gefühl ab – real oder imaginiert –, dass man seinen Ruf und seine Sicherheit bedrohte. Sie waren eine schlichte Ablenkung von dem komplizierten Leben in Paris. »Ein für mich natürlicher Instinkt bannte meinen Blick, brachte meine Fantasie zum Schweigen«, schrieb er in seinen *Träumereien*, »und ließ mich zum ersten Mal die Einzelheiten des großen Prunks der Natur betrachten.« Für Rousseau im Exil stellten die Pflanzen einen Urlaub von den Wettkämpfen der zivilisierten Welt dar. Er suchte Ablenkung in der Botanik, weil er der ewigen Auseinandersetzungen und des endlosen Gezänkes müde war. Der Philosoph aß sein Frühstück und wanderte dann bis zum Mittagessen durch Saint-Pierre, ohne einen einzigen Sou auszugeben oder auch nur einen Gedanken an einen anderen Menschen verschwenden zu müssen. Tatsächlich sagte diese Art von Dasein dem Gelehrten, der damals in der Mitte seines Lebens war, überaus zu. »Die verschiedenen Sorten von Erde, die es auf der Insel gab«, schrieb er in seinen *Bekenntnissen*, »boten mir genügend unterschiedliche Pflanzen für mein Studium und mein Vergnügen, dass ich so den Rest meiner Tage hätte verbringen können.«

IM NATURZUSTAND

Rousseaus botanische Meditationen waren mehr als der Rückzug eines Griesgrams oder bloße Unterhaltung. Für ihn bedeutete die Botanik eine Methode, das zu verstehen, zu erkennen und festzuhalten, was er am meisten schätzte: die Natur.

Sie bot ihm Erholung von der Ruhelosigkeit der Pariser Salons, half ihm aber auch, die Natur wiederzuentdecken und damit auch das Beste in ihm selbst.

Der Philosoph glaubte, dass die Natur von ihrem Wesen her gut war. Nicht nur nützlich oder schön – obwohl sie das zweifelsohne auch war –, sondern moralisch integer. In seiner *Abhandlung über den Ursprung und die Grundlagen der Ungleichheit unter den Menschen* schrieb er, dass die Natur das Werk eines »göttlichen Wesens« sei. Dieses Wesen sei gütig, weise unvollkommen, wie er in seinem berühmten Brief an Voltaire festhielt. Voltaire hatte den metaphysischen Optimismus des Philosophen Gottfried Leibniz und des Dichters Alexander Pope kritisiert und dabei auf das überall herrschende und ständige Elend der Welt hingewiesen. In seiner Antwort, die 1756 veröffentlicht wurde, schrieb Rousseau von den »unbezwingbaren Neigungen seiner Seele«, die an den gütigen Schöpfer und sein Werk glaubte. Teilweise war es dieser Spiritualismus, der zu dem Bruch zwischen Rousseau und dem materialistischeren, rationalistischen Voltaire führte. »Das Ganze«, schrieb Rousseau in Bezug auf den Kosmos, »ist gut.« Deshalb sei auch die Natur unfähig zu Bosheit, Grausamkeit oder Täuschung. »Die Natur ... genügt nie«, erklärte er in seiner *Abhandlung über den Ursprung und die Grundlagen der Ungleichheit*. Dabei wies Rousseau aber darauf hin, dass die Natur nichts von Ethik oder Politik wisse – theoretische Überlegungen zu Gut und Böse seien bedeutungslos. Aber er glaubte, dass die Natur dennoch moralisch exemplarisch wäre. »Alles, das aus ihr kommt, ist wahr«, meinte er, »und man wird auch nichts Falsches in ihr finden.«

Auch die Menschheit selbst, argumentierte Rousseau, sei

ehrlich und gut, allerdings nur in ihrem »Naturzustand«, ehe Vernunft und die Entwicklung der Zivilisation gegriffen hätten. Für den Philosophen waren die ersten Menschen naive Tiere ohne jegliche Rationalität oder ein Bewusstsein für sich selbst. Aber sie waren moralisch rein, bar all der Sünden, die Rousseau dem modernen Frankreich vorwarf: »Wünsche, Gier, Unterdrückung, Verlangen und Stolz«. In seiner *Abhandlung über den Ursprung und die Grundlagen der Ungleichheit* schildert er im Detail diesen Naturzustand der dumpfen, kraftvollen, aber auch edlen Wilden, welche in Einsamkeit und primitiver Armut in Urzeiten die Erde durchwanderten. Hundert Jahre, bevor Rousseaus Essay 1754 erschien, zeichnete auch Thomas Hobbes in seinem *Leviathan* einen solchen Naturzustand nach, wobei seine Darstellung jedoch ganz anders war. Hobbes zufolge hatte »ein Krieg aller gegen alle« geherrscht, wo das Leben »furchtbar, brutal und kurz« gewesen sei. Rousseau feuerte eine Salve der Rechtschaffenheit auf Hobbes ab, indem er erklärte, dass der Engländer die Wesenszüge des modernen Menschen auf die Urmenschen übertragen habe. Vor der Vernunft, so argumentierte er, sei der Mensch nur zwei Urprinzipien gefolgt: der Selbstliebe und dem Mitgefühl. Erstere, die »amour de soi«, hätte den Menschen am Leben erhalten und es ihm ermöglicht, sich fortzupflanzen, indem er Nahrung, Unterkunft und einen Geschlechtspartner gesucht habe. Das zweite Prinzip, die »pitié«, war das, was Rousseau als »natürlichen Widerwillen beim Anblick des Leids oder Todes eines anderen fühlenden Wesens, vor allem der eigenen Gattung« bezeichnete. Diese beiden Grundsätze, Werk des göttlichen Wesens nach Rousseau, führten dazu, dass der Mensch zwar einzelgängerisch, aber auch kooperativ und fürsorglich war, wenn es notwendig sein sollte. »Fürsorge ist ein natürliches Gefühl, das, indem die Grausamkeit der Selbstliebe in jedem Individuum gemäßigt wird, zur Erhaltung der ganzen Gattung beiträgt.«

Das Ende dieser Idylle kennzeichnete sich nach Rousseau durch gesellschaftliche Vertrautheit und Denken aus. Ehe es Gesellschaft gab, existierten »keine moralischen Beziehungen oder festgelegten Verpflichtungen«. Das Mitleid hielt den Menschen von der Grausamkeit ab, wenn er auch grundsätzlich amoralisch war: unnahbar, gedankenlos, vom Instinkt getrieben. Doch die angeborene Freiheit des edlen Wilden verlor sich in den Bedürfnissen der Gemeinschaft, in der natürliche Ungleichheit (Intelligenz, Muskelkraft, Schönheit) zu politischer Ungleichheit führte (Klasse, Stand). Das wiederum erzeugte den Wunsch nach Täuschung, denn wenn jemand keine naturgegebenen Vorzüge hatte, musste er diese eben vorgeben. »Sein und Schein wurden zwei völlig unterschiedliche Dinge«, klagte der Philosoph.

Rousseaus Geschichte vom Fall des edlen Wilden bildete den Kern seiner Philosophie. Deshalb betonte er auch so sehr die Aufrichtigkeit der Natur und des Menschen im Naturzustand – in der Zeit vor Intelligenz und Gemeinschaft, als eine rohe, isolierte Ehrlichkeit herrschte. Durch das Denken und die Vertrautheit der Menschen miteinander hielten nach Rousseau die Laster in Frankreich Einzug. Man führte Gesetze ein, um das Elend und die Grausamkeit einzudämmen, doch tatsächlich verstärkten diese nur die Rechte und Privilegien, die sich durch Geburt, Erziehung, Schönheit und Geist ergaben. Die Armen kämpften ums nackte Überleben, während die Reichen nach Ruhm und der Anerkennung durch den

König eiferten. Keiner war nach Rousseau glücklich, sondern alle waren auf ihre Weise Sklaven dieses Daseins:

> Der [edle Wilde] sehnt sich nur nach Ruhe und Freiheit; er will bloß leben und müßig bleiben... Der immerzu tätige Bürger hingegen schwitzt, hetzt sich ab, quält sich ohne Unterlass, nur um sich noch mühsamere Beschäftigungen zu suchen; er arbeitet bis zu seinem Tod, läuft ihm sogar entgegen, um imstande zu sein zu leben, oder entsagt dem Leben, um die Unsterblichkeit zu erlangen.

Das Grundproblem für Rousseau bestand darin, dass der moderne Mensch *gegen die Natur* lebte. Dadurch lebte er auch gegen sich selbst. Der Mensch gab seine Freiheit im Naturzustand auf, um der korrumpierenden Gesellschaft beizutreten, und gab sie erneut auf, um ungerechte, moderne Gesetze auf den Weg zu bringen.

Der Philosoph schlug politische und erzieherische Maßnahmen für diese Malaise vor, die alle von seinem Naturideal geprägt waren. Im *Gesellschaftsvertrag* setzte er sich zum Beispiel mit dem allgemeinen Willen auseinander – mit dem Entschluss aller Bürger, den ursprünglichen Gesellschaftsvertrag miteinander abzuschließen. Als gemeinsamer Wille waren die Bürger nach Rousseau souverän und verlangten von den Richtern, Gesetze zu machen, denen sie dann selbst zu gehorchen hatten. Der Bürger war also gleichzeitig Gesetzgeber als auch dem Gesetz unterworfen. So verlor der Mensch zwar seine erste Freiheit, gewann aber dafür die Sicherheit und die Macht der politischen Freiheit. Entstanden aus dem natürlichen Wesen des Menschen war dieser allgemeine Wille

Rousseau zufolge immer gut und richtig, und diejenigen, die sich ihm nicht unterwarfen, wurden zu Recht dafür bestraft.

Der *Gesellschaftsvertrag* beflügelte die Leser zwar mit seinem kühnen republikanischen Geist, doch zugleich war er vage, sehr abstrakt und ebenso totalitär, wie er liberal war. Die Bürger sollten zum Beispiel zur Freiheit gezwungen werden. »Sie wissen nicht, wie ihr wahres Selbst aussieht«, schrieb der Philosoph Isaiah Berlin kritisch über Rousseaus Arroganz. »Ich hingegen, der ich weise und vernünftig bin und der große gütige Gesetzgeber, ich weiß das genau.« Rousseau, der sich selbst als jemand sah, der über dem gewöhnlichen Bürger stand, war zu sehr von seiner gesetzgebenden Natur begeistert, als dass er dem Bürger erlaubt hätte, sich von ihren Regeln zu weit zu entfernen.

Die erzieherischen Empfehlungen in *Emile* – zum Beispiel zu den Themen Stillen und körperliche Ertüchtigung – waren beim Adel sehr beliebt (und werden auch heute immer wieder als richtig bestätigt und sogar wissenschaftlich belegt). Doch vor allem galt die rustikale Schlichtheit, die Rousseau empfahl, als interessanter als seine Ratschläge zur Kindererziehung (die kleine Tochter des Herzogs von Württemberg bekam Frostbeulen an den Füßen, weil sie barfuß durch den Schnee gelaufen war, wie Rousseau das geraten hatte). Auch als Naturprophet war Rousseau bedeutender als Galionsfigur beziehungsweise literarischer Vorkämpfer denn als praktischer Theoretiker, da seine Diagnosen oft vereinfacht und seine Vorschläge zu kurz gegriffen waren. In seinem eigenen Leben wurde die Botanik allerdings zu einem wichtigen Ventil seiner Ideen und Vorstellungen.

EIN REINES KURIOSUM

In seinem Essay über die Ungleichheit schlug Rousseau nach all seinen aufwiegelnden Attacken scherzhaft vor, dass seine Kritiker die Städte verlassen und in die Wildnis gehen sollten. Ihm hingegen blieb nichts anderes übrig, als die Entfremdung des modernen Lebens zu ertragen. »Männer wie ich«, schrieb er, »deren Leidenschaften ihre ursprüngliche Einfachheit zerstört haben und die sich nicht länger nur von Pflanzen und Eicheln ernähren können«, müssen schlichtweg ein tugendhaftes Leben führen, indem sie den zwei Prinzipien der Natur folgen: *amour de soi* und *pitié*. Sie können versuchen, »weise und gute Prinzen« zu beeinflussen (tatsächlich schrieb Rousseau auch eine Verfassung für Korsika). Doch seine allgemeine Empfehlung war, sich sozusagen existentiell zurückzuziehen – weg von den anderen, hin zu sich selbst. »Der Wilde lebt in sich selbst«, schrieb er, »während der Bürger stets nur außerhalb von sich selbst existiert.« In anderen Worten: Rousseau riet meist zum Rückzug in eine meditative Einsamkeit. Der gute Mensch sollte von Ruhm, Ansehen, Erfolg und der Sehnsucht nach Anerkennung absehen. Stattdessen hatte er seiner Urnatur treu zu bleiben, welche sich in den einfachen, gottgegebenen Prinzipien der Güte zeigte. »Tugend! Vortreffliche Wissenschaft der schlichten Geister«, erklärte er in seiner *Abhandlung über die Wissenschaften und Künste*. »Sind deine Prinzipien nicht jedem Herzen eingeschrieben?«

Für Rousseau war die Botanik eine Möglichkeit, diese Prinzipien wiederzuentdecken, indem er seinen Geist und seine Beobachtungsgabe aktiv dafür einsetzte. In einer Reihe von Briefen an seine Freundin Madame Étienne Delessert legte er diese Ideen ausführlich dar. Er nannte die Pflanzenkunde »ein reines Kuriosum« und betonte ihre Nutzlosigkeit. Mit stiller Ironie erklärte er Madame Delessert, dass es keine besonders wichtige Beschäftigung sei, der er da nachginge. »Es hat keinen wirklichen Nutzen«, stellte er fest, »außer jenem, den ein denkendes, empfindsames Wesen daraus ziehen kann, die Natur und die Wunder des Universums zu beobachten.«

Um Natur auf diese Weise zu entdecken, waren längere Beobachtungen und Analysen notwendig, wobei die Botanik Rousseau bei beidem half. Es ginge nicht darum, die Pflanzen mit ihren korrekten lateinischen Namen benennen zu können, erklärte er, sondern sie genau zu studieren. »Bevor wir ihnen beibringen, welcher Name zu dem gehört, was sie sehen«, schrieb er an Madame Delessert, »müssen wir ihnen erst einmal das Sehen beibringen.« Die meisten Menschen, meinte er, hätten noch nie mit genug Aufmerksamkeit und Differenzierung hingeschaut, was vor allem daran läge, dass sie viel zu sehr mit ihren gewöhnlichen Sorgen beschäftigt seien: mit Status, Geld, Liebe und Ähnlichem mehr. Bei der Betrachtung einer Wiese oder eines Stücks Wald würde der durchschnittliche Pariser nur eine »stupide und oberflächliche Bewunderung« empfinden, wie der Philosoph in seinen *Bekenntnissen* behauptete. Ein Schüler der Botanik hingegen müsste jedes noch so kleine Detail der Pflanze unterscheiden und der Natur seine volle Aufmerksamkeit schenken.

In seinem Briefwechsel mit Madame Delessert widmete Rousseau einen Brief ausschließlich dem Thema Blumen. Das einfache Gänseblümchen habe zum Beispiel eine Scheibe winziger gelber Röhrenblüten, jede davon mit Stempel und Staubgefäß, den weiblichen und männlichen Organen. Seine weißen

Blütenblätter seien ebenfalls Blumen, jedes mit einem einzelnen gegabelten Stempel versehen. Was wie eine gewöhnliche Blume aussähe, wären in Wirklichkeit Hunderte von winzigen Blumen oder Einzelblüten. Rousseau wandte diese Analyse auch für Löwenzahn, Chicorée, Artischocken und Disteln an, indem er jedes Mal auf überraschende Details hinwies, die gewöhnlich übersehen würden. Es ging darum aufzuzeigen, wie lehrreich bereits eine geduldige, genaue Betrachtung war, wie er das auch in *Emile* herausarbeitete. Eine solche Betrachtung konnte unsere Wahrnehmung seiner Meinung nach völlig verändern. Oft sähen wir jeden Tag die gleiche Pflanze, ohne uns ihres Facettenreichtums bewusst zu sein. Auf einmal würden wir dann jedoch mehr wahrnehmen, und dieser neue Blick sei ausgesprochen bereichernd. »Süße Düfte, leuchtende Farben und die elegantesten Formen«, schrieb Rousseau, »scheinen um unsere Aufmerksamkeit zu buhlen.« Die Pflanzenkunde würde uns eine genaue, lustvolle Beobachtung ermöglichen. Darin sei sie wie ein Heilmittel gegen die Abstumpfung des zivilisierten Lebens.

Nachdem der Botaniker den Aufbau eines Gänseblümchens oder einer Kleinen Braunelle studiert habe, würde er mit der Physiologie fortfahren: Wofür seien die Organe bestimmt? Bei Madame Delessert benutzte Rousseau das Beispiel einer Erbse. Die Blume sei wie ein eingewickeltes Geschenk, bei dem vier verschiedene Blütenblätter zusammenkämen. Im Inneren des Päckchens sei eine kleine weiße Wand aus Stempeln, die jeweils oben einen gelben Punkt hätten. Unter der Wand befindet sich ein kleiner grüner Zylinder: der Fruchtknoten. Warum gibt es diese Schichten aus Blütenblättern, Stempeln und Schote? Um den keimhaften Samen zu schützen, lautete Rousseaus Antwort. Warum ist jedoch ein Stempel von den anderen abgetrennt? Er verkümmert, um Platz für den wachsenden Samen zu machen, meinte Rousseau. Der Philosoph war nicht daran interessiert, was die Pflanze für ihn tun konnte, welche Medizin sie enthielt oder welche ruhmreiche Entdeckung sie für ihn bereithielt. Stattdessen wollte er wissen: Was macht die Blüte der Erbse *für die Erbse*? Welche tieferliegenden Muster verbergen sich dahinter? In dieser Hinsicht war Botanik eine philosophische Zunft – die Möglichkeit für Kontemplation über die physischen und metaphysischen Grundprinzipien, die nach Rousseau von dem göttlichen Wesen festgelegt worden waren. Es lohnt sich, in diesem Kontext länger aus Rousseaus *Träumereien* zu zitieren:

> Und was ich jetzt betreibe, kostet mich weder Geld noch Mühe: Ich streife in aller Ruhe von Gräschen zu Gräschen, von Pflanze zu Pflanze, examiniere sie, vergleiche ihre Eigenschaften, registriere ihre Ähnlichkeiten und Unterschiede, kurz: Ich beobachte die Organisation der Flora, wobei ich bestrebt bin, Funktionsweise und Zusammenspiel dieser lebendigen Mechanismen zu erfassen, ihre allgemeinen Gesetze, aber auch Grund und Zweck ihrer jeweils besonderen Bauart herauszufinden – manchmal gelingt mir dies sogar – und mich dem Zauber der dankbaren Bewunderung für jene Hand hinzugeben, die all dies, woran ich mich erfreue, geschaffen hat.

Dieser lange, fast atemlos wirkende Satz beginnt mit einer ökonomischen Überlegung und endet mit einer kosmologischen. Rousseau schafft eine Art romantische Vereinigung mit der Natur, durch die es ihm gelingt, die Entfremdung aufzuheben, die er im modernen Frankreich erlebt, aber auch in sich selbst spürt.

Im achtzehnten Jahrhundert gab es einen wahren Boom in den Bereichen der botanischen Entdeckungen, Kultivierungen und Klassifizierungen. Je stärker die Kolonialmächte wurden, desto größer wurden auch die Herbarien und Gewächshäuser der Kolonialherren zu Hause. Erwerb, Klassifizierung und Ausbeutung – das waren typische koloniale Bestrebungen. Doch für Rousseau war diese Betonung des Nützlichen ein Zeichen der Korrumpiertheit. Sie zerstörte die Botanik, weil diese in ein Werkzeug menschlicher Bedürfnisse verwandelt wurde. Die Medizin war seiner Meinung nach zum Beispiel der Schönheit einer Kleinen Braunelle gegenüber blind (die *Prunella* wurde unter anderem zu Salbe verarbeitet). Rousseau hingegen betrieb Botanik um der reinen Neugierde wegen und versuchte so, weniger »zivilisiert« zu sein. Im Gegensatz zu anderen behandelte er die Blume mit einer Art naiver, selbstloser Logik. Er schrieb von dem »großen System des Seins«, mit dem er eins wäre – die »Freuden und unaussprechlichen Entzückungen« der Verschmelzung mit der Natur (wenn etwas »unaussprechlich« war, hielt das Rousseau niemals davon ab, sich lang und ausführlich darüber auszulassen).

Für Rousseau war die Entdeckung dieser Prinzipien auch eine Entdeckung seiner selbst. Er glaubte, ebenfalls durch die französische Gesellschaft korrumpiert worden zu sein. »Wenn ich frei, unbekannt und einsam geblieben wäre, wie das die Natur für mich vorgesehen hatte«, schrieb er in *Die Träumereien des einsamen Spaziergängers*, »hätte ich nichts als Gutes getan.« Sein Leben war natürlich weit entfernt vom naiven, instinkthaften Dasein des edlen Wilden. Doch es gab, darauf wies Rousseau hin, kein Zurück. Die Pflanzenkunde war eine einfache, günstige und friedliche Möglichkeit der Meditation, durch die der Philosoph sein besseres Selbst erkennen konnte, während er die Wälder von Saint-Pierre durchstreifte.

SELBSTHEILUNG

Die Botanik ist ein weiteres gutes Beispiel für Rousseaus Talent zur ständigen Selbstdarstellung. Trotz all seiner Überlegungen zu den Themen Erziehung und moralische Reform war er im Grunde ausschließlich daran interessiert, sich zu präsentieren und nicht daran, sich zurückzuhalten. Genau deshalb faszinieren seine *Bekenntnisse* den Leser wohl auch heute noch. Man erhält einen ausgesprochen lebhaften Eindruck von der nackten Empfindungs- und Gedankenwelt eines Menschen, einschließlich all seiner Eigenarten und Illusionen. »Selbstenthüllung, sogar mit der Gefahr der Widersprüchlichkeit, Selbstbetrug und Zweifeln«, stellte sein Biograf Maurice Crastone fest, »dient der eigenen Rechtfertigung.« Genau das war Rousseaus wichtigstes Projekt.

Im Gegensatz zu den *Bekenntnissen,* den *Träumereien eines einsamen Spaziergängers* und seinen Briefen zeigen Rousseaus Schriften über die Botanik den Autor sanfter, bescheidener und vernünftiger. Hier bezichtigt er keine wohlmeinenden Freunde des Betrugs, er wütet nicht gegen die Reichen mithilfe des Papiers und der Tinte, die sie für ihn kauften, noch gibt er einen Lobgesang auf die Vaterschaft von sich, während er alle seine Kinder gleich nach der Geburt in ein anonymes

Waisenhaus gab. Stattdessen beobachtet er nur still und denkt über Pflanzen nach. Kurzzeitig war die Botanik für Rousseau eine Art Erlösung, denn sie ermöglichte es ihm, seine Talente für Analyse, Beschreibung und Spekulationen auszuüben, ohne dass er sich für seine Theorien verteidigen oder für die Gesellschaft eine Maske aufsetzen musste. Das lag nicht daran, dass er den edlen Wilden in sich gefunden hätte, sondern weil Rousseau allein für sich arbeiten konnte und etwas Schönes, Erhabenes und Lebendiges hatte, über das er nachdenken konnte. Die Pflanzenkunde diente ihm nicht als Erkenntnis einer vollkommenen, gottgegebenen Natur, sondern als Reflexion über die Natur, was eine weniger seltsame und bedrohliche Atmosphäre im Philosophieren schuf als die sonst übliche. Es war Einsamkeit ohne Vereinsamung, intellektuelle Beschäftigung ohne Gesellschaft – genau das richtige Heilmittel für einen »Mann, unfähig zur Brüderlichkeit«, wie Huizinga das nannte, »oder sogar zu freundschaftlicher Rivalität«. Darin waren die Wesenszüge, die Rousseau in der Natur zu erkennen glaubte – naive Güte, natürliche Einsamkeit und innere Harmonie – auch Wesenszüge, die er für sich selbst schätzte, aber nur dann zeigen konnte, wenn niemand da war, der sie miterlebt hätte. Es ist also sicher kein Zufall, dass er von der Kleinen Braunelle oder Selbstheil angetan war, denn genau das war es, was Rousseau an der Botanik so faszinierte: Es war ein selbstverschriebenes Heilmittel gegen die Last der Gesellschaft und die Bürde seiner eigenen Persönlichkeit.

GEORGE ORWELL:
AUF UND AB MIT EINER SCHARFEN SENSE

Neben meiner Arbeit ist mir das Wichtigste der Garten,
vor allem der Gemüsegarten.
George Orwell: Autobiografische Notiz, 17. April 1940

George Orwell sah wie das Klischeebild eines Intellektuellen aus: mit gebückter Haltung, dünn, in schlecht sitzenden und verknitterten Anzügen. Auch sein Gesicht wirkte ungebügelt – die Falten von Krankheit und Überarbeitung (»Pfeift wie eine Ziehharmonika«, erklärte ein Arzt einmal über das Kind Orwell). Obwohl Orwell zu einem kulthaft gefeierten, modernen Romanschriftsteller und Essayisten wurde, hatten seine Krankheiten sein Leben lang geradezu dickensische Ausmaße: Er litt an chronischer Bronchitis, hatte dreimal Lungenentzündung, das Denguefieber in Burma sowie immer wieder eine blutende Lunge von der Tuberkulose.

Im Frühjahr 1946 wusste Orwell seit acht Jahren von der Diagnose Tuberkulose. Statt sich jedoch in einem Krankenhaus auszuruhen oder in ein Sanatorium zur Kur zurückzuziehen, mietete er Barnhill, ein Haus auf Jura, einer Insel in den schottischen Hebriden. Sein Freund Richard Rees nannte Barnhill »das unbequemste Haus auf den britischen Inseln«.

Jura war dabei besonders ungemütlich: kalt, feucht, fernab und primitiv. Es war genau der Ort, an dem der kranke Orwell nicht leben sollte – eigentlich ein Todesurteil, wenn man seine infizierte Lunge bedachte.

Sobald der Schriftsteller auf der Insel eintraf, führte er sein Leben auf »selbstzerstörerische Weise«, wie sein Biograf Jeffrey Meyers es bezeichnete. Statt sich auf das Bett zu legen und auszuruhen, nahm Orwell Sense und Spitzhacke zur Hand. Er begann den steinigen, staubtrockenen Erdboden voller Disteln zu bearbeiten und legte so einen neuen Garten an.

Das wurde zu einer Art Manie für Orwell. Am Tag nach Beginn seiner Pacht schilderte er bereits in seinem Tagebuch die Landschaft von Jura: die Buschfrüchte, die Azaleen, die Äpfel, die Rhododendren, die Fuchsien, die Glockenblumen und wilde Iris. Am nächsten Tag grub der kranke Schriftsteller den Boden um (»die Erde aufbrechen«) und plante die Beete (»werde Salatpflanzen setzen ... Büsche, Rhabarber & Obstbäume«). Wenn es ihm gut genug ging, das Haus zu verlassen, verliefen seine Tage auf Jura immer in etwa gleich: Mit rasselndem Atem und Schmerzen pflanzte er Salatköpfe und Rettich. Er hämmerte ein Gestell zum Sägen von Holzblöcken zusammen und baute einen steinernen Verbrennungsofen. Als er zu krank wurde, um ins Freie zu gehen, dachte er dennoch stets an den Garten. »Überall Schneeglöckchen. Ein paar Tulpen spitzen schon heraus. Mauerblümchen versuchen es noch mit dem Blühen.« Diese Zeilen schrieb er im Dezember 1949, während er mit Blut in der Lunge im Bett lag. Es war sein letzter Eintrag in seinem häuslichen Tagebuch. Er hatte das Manuskript für *1984* fertig getippt und stand vor Erschöpfung kurz vor dem Tod. Noch am selben Tag verließ er Jura, um nach England zu reisen. Er sah seinen Inselgarten nie wieder. George Orwell starb über ein Jahr später in einem Londoner Krankenhausbett, im Alter von sechsundvierzig Jahren.

EINE ART HEILIGER

Orwell hatte Talent, eine gute Erziehung genossen, und er hatte Ehrgeiz. Doch in wichtigen Momenten setzte er all das für etwas aufs Spiel, was seine Biografen als selbstzerstörerisch oder aussichtslos bezeichneten. Statt in Oxford zu studieren, machte er sich auf die Reise nach Burma und trat dort der Indian Imperial Police bei. Er ging auf Wanderschaft und arbeitete als Tellerwäscher, anstatt sich um einen sicheren Beruf zu kümmern. Obwohl er nie Soldat gewesen war, verließ er seine junge Frau Eileen und kämpfte im Spanischen Bürgerkrieg. Im Jahr 1937 wurde er durch einen faschistischen Scharfschützen am Hals getroffen und kam zur Genesung nach Wallington in Hertfordshire zurück, wo er allerdings selten im Bett lag, sondern ständig schrieb und im Garten arbeitete (»Wir werden uns mehr Hennen zulegen«). Weniger als ein Jahr später begann er innerlich zu bluten und wurde ins Krankenhaus gebracht. Auch auf Jura gönnte der Autor in späteren Jahren seinem bleichen, geschundenen Körper keine Ruhe, sondern grub den harten, trockenen Boden zwanzig Zentimeter tief um.

Meyer schilderte dieses Verhalten als Orwells »inneres Bedürfnis, seine Chance auf ein glückliches Leben zu sabotieren«. Gequält von chronischen Schuldgefühlen, gelang es dem Autor nicht, ein normal zufriedenes Leben eines Angehörigen der Mittelklasse zu führen. Er fühlte sich ständig schuldig – wegen der Privilegien seiner Gesellschaftsschicht, wegen der herrschenden Ungleichheit und des Imperialismus seines Landes, aber auch weil er im Ersten Weltkrieg nicht mitgekämpft hatte. Natürlich war er nicht für die Karriere seines Vaters als Beamten im indischen Kolonialreich verantwortlich, ebenso wenig wie für den Gewinn, welchen sein Urgroßvater aus einer jamaikanischen Plantage mit Sklaven gezogen hatte. Er hatte keinen Einfluss auf seine eigene Geburt, die zu spät war, als dass er am Ersten Weltkrieg hätte teilnehmen können. Seine skrupulösen Bedenken und sein schlechtes Gewissen wurden möglicherweise in St. Cyprian verstärkt, wo der Junge als Stipendiat von reichen Snobs verspottet wurde (er nannte sie in *Die Freuden der Kindheit* die »Armeen des unumstößlichen Gesetzes«). Lebten sie dekadent, lebte Orwell genügsam;

waren sie attraktiv, wollte er hässlich sein; und wenn sie unsensibel und grobschlächtig waren, gab er sich gewissenhaft. Kurz gesagt: Er definierte sich als Gegenentwurf zu ihrer gesunden, schönen, reichen Welt. Das gleiche galt für Eton, wo er ebenfalls als Stipendiat zur Schule ging. Es war der Orwell, der seine eigenen schlimmsten Eigenschaften in der Figur des Gordon Comstock parodierte, dem gescheiterten Dichter aus *Die Wonnen der Aspidistra*. Comstock zeigte Talent, doch sein seltsamer Stolz brachte ihn dazu, arm zu bleiben, von wohltätigen Gaben zu leben und jeden zutiefst zu verachten, welcher dem Glück hinterherjagte. »Scheitern«, schrieb Orwell in *Der Weg nach Wigan Pier*, »schien mir die einzige Tugend zu sein.« Er sah ein tugendhaftes Leben nicht nur in der Armut, sondern auch bei schmutziger, banaler und auslaufender Arbeit – wie jene der Hotelangestellten, mit denen er arbeitete und die er in *Erledigt in Paris und London* unsterblich machte. »Um viertel vor sechs wachte man ruckartig auf«, schilderte er das Leben als Küchenhilfe, »taumelte in fettbeschmutzte Kleider und eilte mit dreckigem Gesicht und protestierenden Muskeln hinaus.« Um Mitternacht waren Orwell und seine Bettwanzen wieder unter der Decke. Nicht gerade der typische Lebensstil eines Etonian.

Aus diesen Gründen ruinierte sich Orwell beinahe völlig, als er Dornenhecken mit der Sense bearbeitete und schwere Erde auf Jura durchpflügte, weil er glaubte, dass Qual und Erschöpfung besser wären als Bequemlichkeit und Mitschuld, die sich seiner Meinung nach aus einem eitlen Leben ergaben. Das gute Leben für Orwell war nicht von schwerer, langweiliger Arbeit zu trennen. Die Aspidistra aus seinem Roman – auch Schattenblume genannt – war dafür ein Symbol. Es war die zähe Zimmerpflanze aus Arbeiterhaushalten, die mit wenig Wasser und Licht auskommt. Für den Protagonisten Gordon Comstock stand sie für Faulheit, Konformität, Konservatismus – alles, was Orwell bis zur Erschöpfung vermied. Orwell war Atheist, doch seine asketische Einstellung hatte etwas durchaus religiös Fanatisches. Der Autor V. S. Pritchett bezeichnete ihn als »eine Art Heiliger«.

Orwell legte auch eine mönchische Verachtung dem Geld gegenüber an den Tag und betrachtete das Gärtnern als Schuss vor den Bug teuren Geschmacks. So feierte er zum Beispiel den Frühling in England als eine Möglichkeit des kostenlosen Vergnügens für die Massen. »Die Freuden des Frühjahrs«, schrieb er in dem Essay *Einige Gedanken über die Erdkröte*, »sind jedem zugänglich und kosten nichts.« Auch Vögel zahlten keine Miete, wie er an anderer Stelle bemerkte. In einem weiteren Aufsatz notierte er, dass die Rosen aus Woolworth, die er Jahrzehnte zuvor in einem alten Haus gepflanzt hatte, noch immer blühten – und das für sechs Pence, wie er befriedigt feststellte. Das war eine typische Marotte von Orwell: Er wies gerne auf das Günstige in guten Dingen hin, als ob er ständig den Reichen und Wohlhabenden den Stinkefinger zeigen müsste. Orwell »konnte seine Nase nicht putzen, ohne auf die Bedingungen in der Taschentuchindustrie hinzuweisen«, wie Cyril Conolly einmal spottete. Für Orwell wurden ästhetische Fragen rasch zu Diskussionen über Ethik, Politik und Ökonomie. Das Gärtnern war also die perfekte Beschäftigung für einen hochkultivierten Armen.

KUTTELN IN ESSIG

Hinter seinem Gärtnern auf Jura steckte aber noch mehr als ein mönchischer Charakterzug. Es ging auch um das Überprüfen eines Wahrheitsanspruchs, was er in seinem Aufsatz *Warum ich schreibe* seine »Kraft« nannte, »sich unangenehmen Tatsachen zu stellen«. Was immer den Schriftsteller dazu brachte, den Weg des größten Widerstandes einzuschlagen, verstärkte auch seine Vertrautheit mit dem echten Leben. Er war ein begabter Autor, doch was seine Romane und journalistischen Arbeiten über gewöhnliche Reportagen stellte, waren seine Erfahrungen aus erster Hand. Er kannte die schmerzenden Knochen eines Vagabunden, dessen Hunger und Erschöpfung. Er wusste, wovon er schrieb, wenn es um die Erniedrigung und Langeweile des ständigen Fußmarschs vom Armenhaus zur Herberge ging. Der Eton-Schüler hatte in einem Pariser Elendsviertel gelebt und widerwärtige Kutteln in Essig in Wigan in der Grafschaft Greater Manchester gegessen. Das folgende Zitat stammt von seinem Tagebucheintrag vom 21. Februar 1936, als er bei einer Arbeiterfamilie in Nordengland wohnte:

Die Erbärmlichkeit des Hauses beginnt mir auf die Nerven zu gehen. Nichts wird je geputzt oder abgestaubt, die Zimmer werden erst gegen fünf Uhr nachmittags aufgeräumt, während das Tischtuch stets auf dem Küchentisch liegen bleibt. Beim Abendessen entdeckt man noch die Brösel vom Frühstück. Das Abstoßendste ist jedoch Mrs F., die immer auf dem Küchensofa wie in einem Bett liegt. Sie hat die schreckliche Angewohnheit, Streifen von der Zeitung zu reißen, sich damit den Mund abzuwischen und sie dann auf den Boden zu werfen. Heute Morgen stand unter dem Frühstückstisch ein nicht ausgeleerter Nachttopf.

Trotz seiner zerknitterten Kleidung war Orwell ein überaus reinlicher Mann, der ausgesprochen empfindlich auf Gerüche reagierte. Dennoch ertrug er Gestank, Schmutz und tote Schmeißfliegen. Er hungerte, war durchnässt, wurde von Flöhen gebissen und angeschossen. Nicht nur ein Schuldgefühl trieb ihn dazu, sondern auch der Wunsch nach Wahrem. Er glaubte, dass es seine Pflicht war, Zeugnis abzulegen. »Ich schreibe«, erklärte er, »weil es eine Lüge gibt, die ich aufdecken möchte, oder eine Tatsache, auf die ich hinweisen will.« Was dies zu mehr als einer gewöhnlichen Reportage machte, war seine Bereitschaft, das zu durchleben, wovon er berichtete. Seine Schilderungen waren stets ohne akademische Distanz oder Parteilichkeit. So sprach er sich im Gegensatz zu vielen seiner linken Gesinnungsgenossen und trotz seiner Kritik am westlichen Kapitalismus gegen die Sowjetunion aus. Orwell empörte sich über die blinde Akzeptanz der englischen Sozialisten der sowjetischen und kommunistischen Politik gegenüber – teilweise aus Prinzip, um die Freiheit zu verteidigen, teilweise aber auch, weil er die Brutalität der Kommunisten in Spanien am eigenen Leibe miterlebt hatte, als sie die Trotzkisten und Anarchisten angegriffen hatten. »Ich habe die Leichen zahlreicher Ermordeter gesehen«, schrieb er in seinem Essay *Im Inneren des Wals*. »Ich meine nicht, dass sie im Kampf getötet, sondern ich meine, dass sie ermordet wurden.« Statt den Kommunismus unhinterfragt anzunehmen, machte er sich zum Zeugen und berichtete dementsprechend. Für ihn zählten die Tatsachen, und diese wollte er herausfinden.

Das hieß allerdings nicht, dass Orwell nicht auch einseitig sein konnte. Er hatte seine Vorurteile gegen Schotten (»whiskysaufende Schweinehunde«), Homosexuelle (»Ich bin nicht einer Ihrer modischen Schwuchteln«) und die katholische Kirche (»meine Besessenheit mit den Rks«). Er konnte in seinen Texten kleinlich, engstirnig und bösartig sein. So zeichnete er zum Beispiel in *Erledigt in Paris und London* Karikaturen von verschlagenen, geldgierigen Juden. »Es wäre ein Vergnügen gewesen«, schrieb er über einen Händler von gebrauchter Kleidung, »dem Juden die Nase einzuschlagen.« Meist sind intolerante Menschen jedoch nicht in der Lage, ihre Intoleranz abzulegen. Zu Orwells Verteidigung muss man sagen, dass er sich durch Erfahrungen eines Besseren belehren ließ. Über ein Jahrzehnt später schrieb Orwell, als Hitler an der Macht war und Millionen europäischer Juden umgebracht oder auf dem Weg in die Todeslager waren, eine maßgebende, leidenschaftliche Kritik am Antisemitismus. In den dazwischenliegenden Jahren hatte der Autor viele Juden kennengelernt und seine früheren Fehleinschätzungen korrigiert.

Orwell war stets der Erste, der logische und faktische Fehler erkannte – einschließlich seiner eigenen blinden Flecke. Als Journalist, Kritiker und Romanautor konzentrierte er sich ungewöhnlich stark auf Beweise und kehrte immer wieder zu Details zurück. Das war eine geradezu übermenschliche Leistung, wenn man die turbulente politische Zeit bedenkt, in der er lebte. Orwell kämpfte leidenschaftlich für seine Grundsätze – auf Papier und im Spanischen Bürgerkrieg –, ohne diese in das Dogma seiner kommunistischen und nationalistischen Zeitgenossen zu verwandeln. In dieser Hinsicht war der Autor mehr Wissenschaftler als Prophet – mit dem Respekt des Wissenschaftlers für Fakten und eine skeptische Auseinandersetzung. Man kann behaupten, dass Orwell experimentell *lebte*.

Neben dieser wissenschaftlichen Herangehensweise zeichnete ihn auch eine Hochachtung für die Durchlässigkeit von Sprache aus. Nachdem er die Grausamkeit in Spanien sowie die erbärmlichen Verhältnisse in Paris und Nordengland am eigenen Leib erlebt hatte, wollte er seine Schilderungen nicht durch hochgestochene Ausdrücke oder komplizierte Theorien verstellen. Daher rührt auch seine inzwischen berühmte Verteidigung für eine klare Sprache in Werken wie *Politik und die englische Sprache* und im Anhang über »Neusprech« in *1984*. Orwell war der Ansicht, dass eine ungenaue Sprache ungenaues Denken erzeugt. Wirre Überlegungen führten zu wirren Sätzen, die vielleicht auf den ersten Blick hübsch wirkten, aber nicht dazu beitrugen, den Autor oder den Leser zu erhellen, was wiederum zu zweifelhaften Ideen führen konnte. Sprache, schrieb er auf die für ihn typische klare Weise, »wird hässlich und ungenau, weil unsere Gedanken töricht sind, doch die Schlampigkeit unserer Sprache macht es für uns einfacher, törichte Gedanken zu haben.« Für Orwell bedeutete die Fähigkeit klar zu schreiben und zu denken, eine moralische Verantwortung. Ohne diese Klarheit konnte man vielleicht Wörter hübsch aneinanderreihen, aber was sie aussagten, war falsch.

In seinem Anhang zu *1984* ging Orwell noch weiter, indem er die absichtliche Verkehrung von Gedanken zu politischen Zwecken aufzeigte, in dem man den Reichtum von Sprache ausmerzte. »Neusprech war nicht nur dafür gedacht, ein Ausdrucksmedium für eine neue Weltsicht zu liefern«, erklärte er in seiner manchmal erschreckend distanziert wirkenden Sprache, »sondern auch dafür, alle anderen Arten des Denkens unmöglich zu machen.« Orwells Einsichten starten direkt von den Diktatoren und Tyrannen des 20. Jahrhunderts, die »ihre Herzlosigkeit nicht laut kundtun und ... sie nicht als Mord bezeichnen«, schrieb er in *Im Inneren des Wals*. »Es ist: ›Liquidierung‹, ›Eliminierung‹ oder eine andere beruhigende Bezeichnung.« Es waren nicht nur die Nazis oder die Stalinisten, die so etwas taten. Auch ihre englischen Apologeten verzerrten die Wahrheit durch einen sterilen Jargon. In *Politik und die englische Sprache* schilderte Orwell einen Universitätsprofessor, der den sowjetischen Totalitarismus verteidigte. »Eine Menge lateinischer Wörter fiel wie weicher Schnee auf die Fakten«, schrieb Orwell, »verschleierte die Umrisse und verdeckte alle Einzelheiten. Der große Feind klarer Sprache ist Unehrlichkeit.« Orwell erlebte zwar nicht mehr, dass Folter als »erweiterte Verhörtechniken« oder gewaltsame Vertreibungen bestimmter Gruppen als »ethnische Säuberungen« bezeichnet wurden, doch er hätte die Vernebelungstaktiken sofort durchschaut.

MR ORWELL: SCHRIFTSTELLER, GÄRTNER, WISSENSCHAFTLER

Die Gärten von Wallington und Jura bildeten den Kern von Orwells wissenschaftlichem Interesse und bedeuteten für ihn ein Glück auf der beharrlichen Suche nach der Wahrheit. Das lag daran, weil die Gartenkunst zuerst einmal ein Unterfangen eines Realisten ist. Sie verlangt praktisches Geschick. Ein Fehler bei harscher Kälte kann zum Beispiel nicht durch Ablenkungstaktiken vertuscht werden. Die Pflanzen sterben einfach. Das Gleiche gilt für den Boden, das Sonnenlicht, die Feuchtigkeit und den Säuregehalt: Alles hat greifbare Konsequenzen. Die Arbeit im Garten ist zwangsläufig fühlbar in Gestalt von eiskaltem Schlamm, stechenden Dornenranken oder sich festbeißen Zecken. Als Orwell den »jungfräulichen Dschungel«, wie er das nannte, auf Jura kultivieren wollte, hatte er Kälte, Schnitte und Stiche zu ertragen. Er wollte der Realität nicht entkommen, sondern er wollte sich den Tatsachen aussetzen, ganz gleich, wie schmerzhaft sie auch sein mochten.

Das mag bedrückend klingen, bedeutete für ihn aber echte Freude. Man muss nur Orwells Begeisterung über die billigen Woolworth-Rosen hören: »Eine Polyantharose, die als gelb gekennzeichnet war, stellte sich als tiefrot heraus. Eine andere, welche als Albertine markiert gewesen war, erinnerte zwar an eine Albertine, war aber üppiger und blühte in erstaunlichen Mengen.« Auch seine Tagebücher waren voll solcher Entdeckungen. Orwell tat zum Beispiel Froschlaich in ein Konservenglas, um herauszufinden, was passieren würde (die Tiere starben, weil sie vielleicht kein frisches Wasser bekamen). Er schnitzte einen Senflöffel aus Knochen und einen Salzlöffel aus Hirschgeweih (»Knochen sind besser«). Er verglich Sicheln mit Sensen für das Schneiden von Binsen und testete den richtigen Schneidewinkel. Für Orwell war das Arbeiten im Garten mehr als eine Selbstgeißelung. Wie alle seine Abenteuer war es ein Experiment, eine Chance, die Fakten besser und genauer kennenzulernen.

Als Experiment war das Gärtnern des Schriftstellers eine

Übung darin, was man Erkenntnislehre nennt. Er beschäftigte sich damit, *wie* wir das wissen, was wir wissen – ein Gedanke, der Orwell bestimmte. Die Erdbeeren auf Jura oder der Salat in Wallington beinhaltet nicht unbedingt eine bestimmte, vorher feststehende Wahrheit für ihn, eine spezielle Sicht des Menschen oder des Universums. Der Garten war für ihn viel mehr ein Labor, in dem Orwells Beziehung zur Wahrheit getestet wurde. In ihm fanden sich Erkenntnisse über Albertine-Rosen oder Bartnelken (»manchmal nach oben schießend ... können jedoch nicht dazu gezwungen werden«), aber auch Erkenntnisse über Erkenntnis – Prognosen über Motive und Belege für Stärken und Schwächen. Orwell bezeichnete das als die »wissenschaftliche Methode«, ohne sich jedoch nach einer utopischen Technokratie zu sehnen, von der Physiker und Chemiker geleitet wurden. Ganz im Gegenteil. Er wollte, wie er das in der Zeitschrift *The Tribune* nannte, »eine rationale, skeptische, experimentelle Geisteshaltung«, für die schlammverschmierte Gummistiefel ebenso wesentlich waren wie eine Schreibmaschine. Orwell war eine Art Masochist, der lieber mit einer Säge Wissenschaftler spielte, als sich im Bett auszuruhen. Aber er war auch zu Recht leidenschaftlich, wenn es um die Suche nach Wahrheit ging, was er »eine Methode des Denkens« nannte, »die verifizierbare Ergebnisse durch logische Schlussfolgerungen von beobachteten Fakten ermittelt«. Angesichts der zerstörerischen politischen und militärischen Konflikte zwischen unkritischen Dogmatikern jeder Couleur – Kommunisten und Kapitalisten, Antisemiten und Zionisten, Nationalisten und Imperialisten – glaubte Orwell, dass die Hoffnung in fairer Vernünftigkeit zu finden war, eine vorsichtigere, kritische Annäherung an die Wahrheit. Diese

Methode entdeckte er zumindest teilweise in seinem selbst gebauten Vorschlaghammer und einer scharf geschliffenen Sense.

Trotz seiner in Eton kultivierten Selbstbeherrschung war Orwell ein ruheloser, leidenschaftlicher Mann, der Hinfälligkeit durch eindrucksvolle mentale und körperliche Kraftanstrengungen überwand. Er besaß Charakterstärke, und seine ungewöhnliche Methode ist noch heute relevant: sich mit der greifbaren Wirklichkeit konkret, wenn auch skeptisch auseinanderzusetzen. Große Teile unseres heutigen Lebens zeichnen sich durch eine selbstverständliche Sicherheit aus – die Überheblichkeit fehlerfreier Erkenntnis durch Key-Performance-Indikatoren, Konjunkturverläufe, politische Meinungsumfragen oder Intelligenztests. Was der Philosoph Alfred North Whitehead den »Fehlschluss deplatzierter Konkretheit« nennt – Abstraktionen, die sich als Fakten tarnen –, ist weit verbreitet. Diese Fassade der Perfektion wird regelmäßig im öffentlichen und im privaten Leben aufrechterhalten: durch politische Slogans, psychologische Profile, religiöse Texte. In Sicherheit beruhigt uns das, weil das Leben auf diese Weise weniger riskant und gefährlich wirkt. Für jemanden mit einer angemessenen Skepsis alldem gegenüber kann der Garten ein Heilmittel sein – eine Erinnerung daran, wie vielschichtig, veränderbar und kompliziert die Wirklichkeit ist. Wie Orwell feststellte, kann »Samen plus Erde plus Regen plus Sonnenschein« eine überraschend komplizierte Gleichung sein, wenn sie auf dem freien Feld erfolgt. Der Garten ist ein Ort, wo Hypothesen nur kurzzeitig existieren – bis zum nächsten Tag, wenn sie sich als falsch offenbaren, weil eine unerwartete Variable den Salat zum Welken brachte oder die Stachelbeeren schrumpeln ließ. Ein

Orwell'scher Garten zeigt seinen Anhängern, sich nicht an das Vertraute und damit oft Falsche zu klammern sowie stets von allzu perfekten Theorien Abstand zu nehmen. Kein Wunder, dass der Autor von *1984* seine zermürbenden Arbeiten auf Jura so schätzte. Sie waren eine kurze Befreiung von einem totalitären Weltgeist.

EMILY DICKINSON: FLUREN VOLL VIELLEICHT

In der Kindheit zählte ich niemals einen Samen, es sei denn, er war mehrjährig – und deshalb besteht mein Garten noch immer.
    Emily Dickinson, Brief an Professor Joseph Chickering, Juli 1885

Mein Strauß gilt Eingesperrten –
Dem Aug – schon drüben vor Durst –
Der Hand, die mit dem Pflücken
Aufs Jenseits warten muss –
    Emily Dickinson

Amherst, Neu-England. Die Green-Schwestern und ihr Bruder, bekannt für ihre schönen Singstimmen, wurden in das herrschaftliche Haus der Dickinsons gebeten. Das einschüchternde Bauwerk, das auf 10 000 Quadratmetern Land stand, blickte über die Main Street, weiteren 45 000 Quadratmetern Land gegenüber, die ebenfalls Edward Dickinson gehörten. Er war ein wohlhabender Anwalt mit guten Verbindungen zur örtlichen Stadtverwaltung und zu den Geschäftsleuten, anerkannt und verehrt. Doch in jenem Frühling 1877 war er nirgendwo zu sehen. Die Geschwister standen ein wenig verloren allein im Salon herum.

Die Greens waren eingeladen worden, um in privatem Rahmen aufzutreten, doch nirgendwo war ein Publikum zu entdecken. Sie sangen trotzdem und zwar eine feierliche Interpretation von Psalm 23 (»Der Herr ist mein Hirte; / nichts wird mir fehlen. Er lässt mich lagern auf grünen Auen«). Danach herrschte Stille – und dann war ein schwacher Applaus zu hören. »Ein leichtes Klatschen von Händen«, schrieb Clara Green Jahre später, »schwebte die Treppe hinab.« Die Sänger mussten mit ihrer Kunst großen Eindruck gemacht haben, denn sie erfuhren die seltene Ehre, von Emily Dickinson, der ältesten Tochter des Hauses, begrüßt zu werden. Sie hatte ihr Zimmer im oberen Stock verlassen, um mit ihnen in der Bibliothek zu sprechen, wie üblich in gespenstisches Weiß gekleidet. Dickinson sprach atemlos, lobte ihren Gesang und erklärte, dass sie sich an sie als Kinder erinnern könne, an ihre Stimmen und an das Pfeifen des Bruders. Clara Green fielen »zwei große, dunkle Augen in einem kleinen, blassen, zart geschnittenen Gesicht« auf sowie »ein kleiner Körper, wunderlich und einfach wie der eines Kindes«. Es war das einzige Mal, dass sie der Dichterin begegnete.

Clara Green wurde ziemlich alt, während Dickinson nur noch etwa zehn Jahre blieben. Sie zeigte sich Besuchern höchst selten – im Grunde zeigte sie sich kaum jemandem. Fast ihr halbes Erwachsenenleben verbrachte sie auf dem Familienanwesen Homestead. »Ich verlasse das Grundstück meines Vaters nicht«, schrieb sie mit Ende dreißig, »um ein anderes Haus oder die Stadt aufzusuchen.« Genauer gesagt verbrachte sie die meiste Zeit an einem kleinen Tisch an ihrem Zimmerfenster, von wo aus sie auf die Main Street blicken konnte. Dort schrieb sie: Tausende von Briefen, Notizen und Gedichten. Die meisten Schriftsteller brauchen eine gewisse Einsamkeit, um schreiben zu können, aber Emily Dickinson war die ungekrönte Königin der Einsiedler. Sie entschied sich gegen die Ehe, gegen Kinder und sogar gegen einen normalen Familienalltag, um sich ganz auf ihr Schreiben und Denken konzentrieren zu können. Man weiß, dass sie sogar das Begräbnis ihres Vaters und die daran anschließende Gedenkfeier versäumte. Während unten die Trauergäste beisammensaßen, blieb Emily bei offener Tür oben in ihrem Zimmer.

Natürlich konnte sie nicht ununterbrochen in ihrem häuslichen Exil verweilen. Sie kam zum Beispiel herunter, um Haushaltsaufgaben zu übernehmen, wie putzen, Obst einwecken oder kochen. Die Dichterin war für ihre Begabung in der Küche bekannt. Edward Dickinson hegte eine Vorliebe für ihr Brot, und zu seinem jährlichen Gedenk-Dinner gab es ihren berühmten »schwarzen Kuchen«. Die Kinder der Nachbarschaft bekamen frisch gebackene Lebkuchenmänner, die sie in einem Körbchen aus ihrem Fenster zu ihnen herabließ. Gelegentlich gelang es Freunden, Emily Dickinson dazu zu überreden, doch zu ihnen herunterzukommen. Ihr Briefpartner Samuel Bowles beschämte sie einmal so, dass sie sich gezwungen sah, ihn zu sehen. »Emily, Sie Elende!«, rief er angeblich nach einer langen, anstrengenden Reise zu ihr hinauf. »Kommen Sie sofort herunter!« Obgleich sie in Gesellschaft durchaus sehr charmant und lebendig wirken konnte, war es für sie immer eine Qual, ihren Ort des Rückzugs zu verlassen. Sie bevorzugte ihr »Gefängnis«, wie sie es selbst nannte, und nicht den engen Kontakt zu anderen Menschen.

Es gibt die Einsamkeit des Raums
Die Einsamkeit der See
Die Einsamkeit des Tods, jedoch
Gesellschaft bieten die
Verglichen mit dem tiefern Ort
Des Eisigen Allein
Der Seele die sich selbst empfängt –

BLUMENSTRÄUSSE

Es gab nur eine Sache, durch die sich die einsame Dichterin regelmäßig aus ihrem Zimmer locken ließ: der Garten von Homestead. »Ich wurde im Garten aufgezogen«, soll sie angeblich einmal gesagt haben. Das war vor allem von Seiten ihrer Mutter eine beliebte Beschäftigung der Familie. Ihre Mutter, die ebenfalls Emily hieß, liebte zum Beispiel Grenville-Rosen, die sie von Homestead in ihr Haus an der North Pleasant Street umsiedelte – eine ziemliche gärtnerische Leistung. Als Mädchen durchstreifte Dickinson gerne die Wälder und sammelte Blüten (»suchte nach Kardinals-Lobelien«), presste und trocknete sie, um dann zwischen vier- und fünfhundert in ihr Herbarium einzukleben. Im Gymnasium war sie von Botanik begeistert, sosehr sie später auch das Monopol der Naturwissenschaften auf die Wahrheit anzweifelte (»Die Blume ist… ein lebendiges Wesen, mit Geschichten eingeschrieben auf ihren Blättern und Leidenschaften, die sich in ihrer Bewegung zeigen«). Mit Mitte zwanzig bekam Emily einen neuen Wintergarten, der neben dem Arbeitszimmer ihres Vaters entstand. Sie kam früh mit Pflanzen und dem Gärtnern in Kontakt, und ihre enge Verbindung zum Garten bestand das ganze Leben.

Dickinson mochte aristokratische Tendenzen haben, doch im Garten war sie Demokratin und schreckte auch nicht davor zurück, sich die Hände schmutzig zu machen. Ihre Nichte Martha Dickinson Bianchi erinnerte sich an den sehr geordneten Garten ihrer Tante – blühende Büsche, mehrjährige Pflanzen und Zwiebelgewächse –, der ganz anders aussah als »das wirre Durcheinander« ihrer Schwester Lavinia. Vor allem Blumen waren der Dichterin heilig. In ihrem Wintergarten züchtete sie eine vielseitige Mischung aus einheimischen und fremdländischen Blumen – von subtropischen Kamelien aus Asien bis hin zu gewöhnlichen Nelken. »Um so erfolgreich mit Kamelien, Gardenien und Jasmin zu sein wie Dickinson«, schreibt Judith Farr in ihrer ausführlichen Studie ihres Gartens, »muss man einem strengen, komplizierten Ablauf von Befeuchten, Düngen, Mulchen, Entwässern, Eintopfen und Insektenschutz folgen.« Besucher konnten manchmal einen Blick auf sie werfen, wenn sie mit ihren Blumentöpfen auf einem kleinen Teppich kniete – ehe sie wieder im Haus verschwand, als sie ans Tor klopften (»Presto! Und schon war sie verschwunden«, erinnerte sich ein gewisser Austin Kemp beinahe sechzig Jahre später).

Man kann sich das heutzutage kaum vorstellen, aber zu ihren Lebzeiten war Dickinson für ihre Blumen bekannter als für ihre Gedichte. Nach ihrem Tod im Jahr 1886 waren es zum Beispiel vor allem ihre Blumen, an die sich die Trauernden erinnerten. Den Alten und Kranken, trauernden Kindern und stolzen Müttern mit Neugeborenen schickte sie Tausende von kleinen Blumensträußen, sogenannte Biedermeiersträußchen, zu denen sie Gedichte beilegte. Sie trösteten, erfreuten oder feierten diejenigen, die sie erhielten. »Es gibt viele Häuser... in die Obst und Blumen geschickt... wurden«, schrieb ihre Schwägerin Sue Dickinson, »denen ihre selbstlose Achtung für den anderen jetzt auf immer abgehen wird.« Bei ihren Blumen war Dickinson nicht schüchtern; bei ihren Gedichten war sie direkt und unverblümt. Die Briefe an ihren Vertrauten Samuel Bowles waren besonders flirtend. Die folgende verspielte, erotische Nachricht wurde um einen Bleistift gewickelt und an Bowles geschickt:

> Fehlte ein Stift ihm,
> erprobte es meinen –
> Matt – nun und stumpf – Lieber,
> Schrieb viel an dich.
> Fänd es das Wort nicht,
> Käm es von Daisy,
> Höchstens so groß wie ich –
> Als es brach mich?

Wenn man die Epoche und den gesellschaftlichen Stand der Dichterin bedenkt, kann ihr Interesse am Garten nicht verwundern. In viktorianischen Zeiten galt das Gärtnern als sehr beliebt und angesehen. Es wurden zahlreiche florale Lexika veröffentlicht und von kultivierten Amerikanern wie den Dickinsons pflichtbewusst gelesen. Die Liebe der Dichterin für Blumen und Verse führte dementsprechend zu einem weit ausgedehnten und oft intensiven Austausch mit anderen. Da sie sich weigerte, das Anwesen ihrer Familie zu verlassen, schickte sie Teile davon in kleinen Päckchen in ganz Neu-England herum.

BLÜTEN IM GEHIRN

Emily Dickinson hatte ihre eigene Symbolsprache und benutzte oft den Garten, um sich ausdrücken. So war zum Beispiel ein Obstgarten eine Domkuppel, während Grillen eine »Druidenmesse« abhielten. Die Taglilie hingegen sprach von Unsterblichkeit. »Die Erinnerung«, schrieb sie, »erlaubt es der Sherry-Blume nicht zu verblühen.« Sie selbst sah sich wahlweise als Veilchen, Rose und »gepflücktes« Gänseblümchen. Ihre Gedichte bezeichnete sie als »Blüten im Gehirn« oder einfach als Blumenzwiebeln, womit sie eine Meisterleistung der Verdichtung meinte. In dieser Hinsicht stellte der Garten ihre zweite Sprache dar.

Homestead besaß auch all das, worüber Dickinson dichtete: Schönheit, Gleichklänge, aber auch Dramen – und all das innerhalb des Familienanwesens. Für die Dichterin war es ein

kleiner Kosmos, wo sie in Geheimnisse eingeweiht wurde und stille Vertraute war.

Die Tulpe zum Beispiel zog beim Anblick von Dickinsons näher kommendem Fuß, ihren »karmesinroten Anzug« an. Sie sah, wie die Rotkehlchen flatterten und schliefen, wollte sie aber niemals verraten (»Folgt Ihr Eurem Weg und ich dem meinen –«). Sie vernahm den Klatsch der Blätter, ihre »vertrauliche Klugheit«. Für die freiwillig ans Haus gefesselte Schriftstellerin stellte das mehr als einen Lagerraum voller literarischer Möglichkeiten dar. Dickinson Homestead war wie ihre persönliche Gemeinschaft, und die Pflanzen und Tiere lieferten die Sprache, die sie benutzte, um all das in Worte zu fassen.

Allerdings war Dickinson nicht im üblichen Sinne religiös. »Einige benutzen den Sonntag, um zur Kirche zu gehen«, schrieb sie, »ich benutze ihn, um zu Hause zu bleiben.« Sie konnte mit den konventionellen Vorstellungen von Himmel und Hölle sowie der Androhung von Höllenqualen und Vorhölle nichts anfangen. Die Idee einer Ewigkeit entsetzte sie, weil sie sich diese als unendliche Leere ausmalte, in welcher die Seelen der Toten dahinschmachteten. In einem ihrer eindrucksvollsten Gedichte – *Leere* – schrieb sie von »einem Gebiet von Halt«, wo »nichts da [ist], worauf Epochen gründen«. Dickinsons Vorstellung von einem Leben nach dem Tod war romantischer und stand in der Tradition von Emerson und Brontë. Sie war von dem Thema »Unsterblichkeit«, wie sie es nannte, geradezu besessen – eine Idee, die von ihrem ersten Mentor stammte, dem unitarischen Anwalt Benjamin Newton. Er brachte ihr bei, wie sie erklärte, »an nicht sichtbare Dinge zu glauben und an ein Leben danach, das erhabener und sehr viel gesegneter ist«.

Dickinson, die keine theologische Ausbildung hatte, entwickelte nie eine systematische Theorie der Unsterblichkeit. Aber für ihren persönlichen Glauben stellte ihr Garten einen zentralen Punkt dar. Sie beschrieb den Himmel oft als eine Art Garten Eden, in dem sie literarisches zukünftiges Leben für sich sah. Ihrem Vertrauten Henry Vaughan Emmons gegenüber nannte sie zum Beispiel ihre Gedichte Blumen, »die nicht verwelken, aus dem Garten, den wir noch nicht gesehen haben«. Und ihrem Bruder Austin erzählte sie von ihrem Garten ewiger Blumen, »wo es noch nie Frost gab«. In anderen Worten: Das Jenseits war kein göttliches Königreich, sondern eine Art Bewusstsein ohne Tod, das nach dem Grab seine Blüten offenbarte: Gedichte. Das Ringen um künstlerische Unsterblichkeit war Dickinson zufolge so wie der Überlebenskampf der Blumen im winterlichen Norden. »Schöpfer«, fragte sie, »werde ich erblühen?«

Dickinsons Verwendung winterlicher Metaphern zeigt, dass sie alle Jahreszeiten genoss und jede von ihnen in Gedichten festhielt. Doch ihre liebste war der Frühling, weil er ihren Glauben an eine immerwährende Schöpfung bestärkte. Im »März, April/ sich keiner draußen regt«, schrieb sie, »ohne ein herzliches Gespräch/ mit Gott« Die Zwiebelblumen des Frühjahrs faszinierten sie besonders. Sie war »verrückt«, wie sie meinte, »nach dieser bezauberndsten Form«. Für sie bedeutete es ein Mysterium, das jährliche Werk der Zwiebel beobachten zu können. Sie verstand es aber auch als eine kosmologische und existentielle Botschaft, welche ihren Glauben an ein Leben nach dem Tod bestätigte. So starb zum Beispiel die Narzisse ab und verschwand jeden Winter, um erneut im Frühling zu erblühen. Es war ein wichtiger Vorgang für Dickinson, die Blumen als genauso wertvoll wie Kinder betrachtete. Sie trauerte um ihren Verlust durch Frost oder Parasiten und verstand es als eine Art soldatischen Mut und ein Zeichen großer Fähigkeit, am Leben zu bleiben. »'[N]e Blume zu sein, heißt dass man tief verantwortlich sich fühlt«, schrieb sie, »is profound/Responsibility.« Der Frühling war für die Dichterin die Jahreszeit des kühnen, neuen Lebens für diese Soldaten, nachdem sie lange ihre Kräfte gesammelt oder ganz abgestorben waren. Jede überlebende Blumenzwiebel war für sie eine Lektion in der Möglichkeit von Erneuerung und Wiederaufnahme des Lebens.

Diese Lektion bedeutete der zurückgezogenen, oft einsamen und manchmal auch kranken Schriftstellerin viel und schenkte ihr immer wieder Kraft. Bereits ihre Kindheit war von Tod und Krankheit gezeichnet gewesen. Aufgrund des gesellschaftlichen Standes ihrer Familie, konservativer Moralvorstellungen und ihrer eigenen Persönlichkeit war ihr zu Lebzeiten eine literarische Anerkennung verwehrt, weshalb sie nach Unsterblichkeit in ihren vielen Gedichten strebte und ihre Hoffnung in den Blumen des Frühlings fand. »Die ›Hoffnung‹ ist ein Federding«, stellte sie einmal fest, »das in der Seele hockt.«

»ICH WEISS ES NICHT«

Trotz ihrer eindeutigen Inbrunst wurde der Glaube Dickinsons an ein Jenseits nie doktrinär oder dogmatisch. Sie war eine der ganz wenigen in Amherst und schließlich auch in ihrer Familie, die sich weigerte, ihren Glauben öffentlich zu verkünden. Während ihrer Schulzeit in Holyoke war sie von eifrigen Schülerinnen und Lehrern umgeben, die sie drängten, der Glaubensgemeinde beizutreten. Damals gab es in Neu-England ein Wiedererstarken der Puritaner, die hofften, Seelen vor den moderneren Unitariern zu retten. Im Laufe der Jahre konvertierten Dickinsons frühe Verbündete – Vater Edward und Bruder Austin – zu den Puritanern und gesellten sich damit zu Schwester Lavinia und deren Freunden. Die Dichterin lehnte diesen Sinneswandel kategorisch ab und spottete darüber, wie alle anderen »zur sicheren Arche strömten«. Sie mochte sich vielleicht nach Unsterblichkeit sehnen, doch ihre Zweifel blieben. Das Jenseits war eine faszinierende Vorstellung – aber eben *nur* eine Vorstellung. »Das Haus der Hypothesen«, schrieb sie, »den Glanz der Grenze die/ die Felder des Vielleicht umgibt –/ unsicher find ich sie.« Das war kein dichterischer Dünkel für Dickinson. Sie lebte vielmehr danach und setzte sich dementsprechend mit dem Tod auseinander. Als die Schwester ihres Vertrauten Perez Cowan starb, tröstete sich der trauernde Bruder mit dem Jenseits. Dickinson erwiderte Cowan, einem geweihten Kirchenmann, mit brutaler Direktheit. »Es betrübt mich, dass Sie mit so viel Erwartung über den Tod sprechen«, erklärte sie ihm. »Der Tod ist eine wilde Nacht und ein neuer Weg.« Immer wieder bestand sie auf dem Nichtwissen: *Vielleicht* gab es eine andere Welt, und *vielleicht* dürfen wir sie einmal genießen. Aber eine Garantie gab es dafür nicht. »Dies ängstlich nachprüfende Leben«, schrieb sie, »plädiert – ›Ich weiß es nicht‹.«

Diese Zweifel machen teilweise den betörenden Reiz aus, der Dickinsons Gedichte durchzieht. Wie bei ihrer Feier der Einsamkeit verwandelte sie Verlust und Mangel in eine Art keusche Freude. »Gewürz ist flüchtig/ bei Erhalt«, dichtete sie, »die Ferne war's –/ sie machte appetitlich.«

Doch Dickinsons ausgeprägter Zweifel war auch Ausdruck ihrer Weigerung, sich zu sehr in abstrakte Ideen zu verrennen. Dafür fühlte sie sich viel zu sehr von der realen, physischen Welt angezogen. Judith Farr zufolge hatte die Schriftstellerin »eine Empfindsamkeit, die Intensität ausgesprochen genoss«. In einem Gedicht stellte sie sich zum Beispiel vor, wie sie angesichts des eigenen Todes voller Bedauern auf rote Äpfel, Maiskolben und Kürbisse auf einem Wagen zurückblickte. Spiritueller oder künstlerischer Unsterblichkeit fehlten diese irdischen Sinnesfreuden. Sie gaben ihr zwar eine idealisierte Version ihrer selbst und all dessen, was sie liebte – Dichtung, Tugend und spirituelle Reinheit –, waren aber nicht so voll Leben, so real wie die lebendige Landschaft des väterlichen Anwesens. »Möcht von der wunderlichen Erde«, schrieb sie bei anderer Gelegenheit, »anschauen etwas mehr.« In gewisser Weise hielt sie ihre Vertrautheit mit Narzissen und Reisstärlingen, die ihrem spirituellen Glauben halfen, gleichzeitig davon ab, sich ihnen fanatisch zu verschreiben.

Das verleiht Dickinsons angespanntem Verhältnis zur weit verbreiteten Religion Neu-Englands letztlich einen ironischen Dreh. Historisch betrachtet gehörte zum Puritanismus nämlich stets der Zweifel. Niemand, selbst der Tugendhafteste, wusste sicher, dass seine Seele gerettet werden würde. Trotz ihres geradezu klösterlichen Lebens befand sich auch Dickinson in ständigem Zweifel. Darin war sie also protestantischer als die mürrisch dreinblickenden Holyoke-Mädchen, die sie ständig dazu drängten, endlich zu konvertieren. Sie lehnte die Horrorszenarien der Hölle und Verdammung ab und ersetzte sie durch eine tiefe Unsicherheit – was sie dem Anwesen ihres Vaters, wenn nicht seiner Bibliothek verdankte. Vielleicht meinte die Dichterin deshalb in einem Brief: »Die Natur ist... vielleicht Puritanerin.« An anderer Stelle bezog sie sich auf ihren »puritanischen« Garten.

Der Garten der Schriftstellerin stellte in dieser Hinsicht eine Lektion in transzendenter Achtsamkeit dar. Dieses Bewusstsein lebte in der Sprache fort, ohne dass es ihm gelang, ihren Zweifel jemals ganz zu besiegen. Das führte zu einer Art Spannungsfeld – bei Dickinson oftmals zwischen Qual und Ekstase – zwischen dem, was der Geist begehrte und was die physische Realität erlaubte. Nicht jeder ist anfällig für metaphysische Höhenflüge, und noch weniger halten sie in Versen fest. Doch dieses Ringen darum, seine Ideale zu mäßigen, bleibt für viele Thema und schlägt sich im privaten und im öffentlichen Leben nieder: in der Ehe, der Elternschaft, der Ökonomie oder der Regierung. Wir brauchen Ideale, aber wir lassen uns auch leicht von ihnen verführen. Dickinson nannte einmal ihre Unsterblichkeit als Dichterin einen riesigen »Preis«, der durch »defekte Mathematik« ungenau geschätzt werden würde: begrenzt, unvollständig und unausgewogen. Es ist ein eleganter Vergleich, der die Schönheit unserer Konzepte widerspiegelt und zugleich zeigt, wie künstlich und anfällig sie sind. Für Dickinson waren die Fluren von Homestead stets eine Mahnung, dass die Rechnung der menschlichen Vorstellungskraft nie ganz aufgeht.

NIKOS KAZANTZAKIS: STEINE HARKEN

»*Was ist unsere Pflicht? Zu kämpfen, damit eine kleine Blume erblüht*...«
Nikos Kazantzakis: *Askese. Salvatores Dei*

Der drahtige Mann mittleren Alters steht mit zusammengekniffenen Augen da und betrachtet die Steine. In einer unauffälligen grauen Hose, einem Hemd mit Schweißflecken und einem Jackett sieht Nikos Kazantzakis wie ein Buchhalter auf Urlaub in Japan aus. Doch der griechische Dichter, Romanautor und Dramatiker, Verfasser des großartigen Buches *Alexis Sorbas* (dessen Titelheld später in der Verfilmung Anthony Quinn spielte), ist zur Feldforschung unterwegs. Seit Jahren ist er unterwegs – in Paris, Berlin, Italien, Spanien und Russland – und erinnert dabei an den Protagonisten seines Versromans *Odyssee. Ein modernes Epos*. »Auch wenn das Leben ein leerer Schatten ist«, schreit Odysseus, »stopfe ich es mit Erde und Luft, mit Tugend, Freude und Bitterkeit voll!« Jetzt, im Frühling 1935, stopft Kazantzakis noch selbst sein Leben voll – mit klappernden Holzpantoffeln, Wandschirmen aus dem sechzehnten Jahrhundert und Reihen voller Steinlaternen. »Wenn ich nur ganz Japan einpacken und dir mitbringen«, schreibt er seiner Frau Eleni, die in Griechenland geblieben ist, »und es um deine Schultern wie einen Kimono legen könnte.«

Aber Kazantzakis fährt nicht nach Hause. Er steht da wie angewurzelt im buddhistischen Tempel Ryoan-ji in Kyoto, und starrt auf einen *karesansui*, einen Steingarten. Es ist ein streng wirkendes, von Mauern umgebenes Rechteck, das nur zehn Meter auf fünfundzwanzig misst. Darin befinden sich fünfzehn unregelmäßig geformte Felsbrocken, die asymmetrisch auf »Inseln« aus Moos platziert wurden. Sie liegen in einem »Meer« aus Kieselsteinen, das täglich in Wellenform gerecht wird. Zugespitzt verlaufende Mauern vermitteln ebenso wie der Einsatz des Negativraums den Eindruck von Größe: Das winzige Rechteck wirkt riesig. Bis auf die Szenerie, die der Garten aus der Landschaft hinter den Mauern borgt – ein Trick, den man im Japanischen *shakkei* nennt –, ist das einzig sichtbare Lebewesen das Moos. Alles andere ist tot, trockener Stein. Kazantzakis ist wie verzaubert. »Ich wandere durch die-

sen Garten«, schreibt er, »und vage Sehnsüchte leuchten allmählich um mich herum auf, um sich schließlich um einen festen Kern herumzugruppieren.«

Er erlebt die Strenge des Gartens als schön. Seine schmucklosen Linien, der Kontrast zwischen Moos und Stein sowie die Wellenform der Kiesel. Doch er berührt ihn auch deshalb, weil er in den Steinen des *karesansui* ein idealisiertes Porträt seiner selbst erkennt. »Wenn ich mein Herz in der Gestalt eines Gartens formen müsste«, stellte er in seinem Reisebuch *Japan, China* fest, »würde es wie der Steingarten aussehen.«

Das hieß keineswegs, dass Kazantzakis trotz seiner Reisemüdigkeit damit ausdrücken wollte, dass er innerlich tot war – dass er sich vor Erschöpfung oder Betäubung wie paralysiert fühlte. Ganz im Gegenteil: Der Steingarten gab ihm Kraft. Er erkannte in ihm ein metaphysisches Prinzip, das als *Élan vital* oder Lebenskraft bekannt ist, eine Idee, die er vorrangig dem Philosophen Henri Bergson verdankte, mit dem er gemeinsam in Paris studiert hatte.

In *Schöpferische Entwicklung* verglich Bergson den *Élan vital* mit Granaten, die in viele Stücke zersplittern, welche wiederum ihrerseits zersplittern, was unendlich so weitergeht. Es war ein Feuerwerk ohne Ziel, Zweck oder höheren Plan – das ruhelose, schöpferische Prinzip der Veränderung. Bergson war ein Vertreter der sogenannten Prozessphilosophie, die in einer Tradition stand, zu der antike Philosophen wie Heraklit (»Kein Mensch kann zweimal in denselben Fluss steigen«) und Kratylos ebenso gehörten wie moderne Denker wie Friedrich Nietzsche oder Alfred North Whitehead. Für Prozessphilosophen ist die metaphysische Grundkategorie nicht das Sein, sondern das Werden: Aktivität, Dynamik, Bewegung.

Kazantzakis nahm dieses Grundprinzip und verwandelte es in ein philosophisches und künstlerisches Credo. Das offenbarte sich in der »Form seines Herzens«, als er den Steingarten betrachtete. In seinem literarischen Werk porträtierte der Autor das Leben als eine stete dialektische Bewegung, anfangend mit der Urmaterie oder den Urinstinkten und endend in Freiheit und Tod – um dann wieder von Neuem zu beginnen. So beschreibt er zum Beispiel in seinem Buch der spirituellen Übungen, *Askese*, die Entwicklung der Menschheit vom kindlichen Egoismus hin zur Anerkennung von Familie, Ethnie und Mitmenschen, um schließlich darüber hinaus das gesamte Leben und den Kosmos als Ganzes zu begreifen. »Das Universum ist warm, geliebt, vertraut«, schrieb er über dieses Stadium, »und es riecht wie mein eigener Körper.« Diese Bewegung – von stummen Impulsen hin zu einer meditativen Einheit – wiederholte sich in Kazantzakis' moderner *Odyssee*, seinem Opus magnum, und dem Buch, für das er in Erinnerung bleiben wollte. Im Laufe des Epos verwandelt sich Odysseus von roher Grausamkeit und Fleischeslust über einen noblen Militär hin zu reflektierter Intellektualität, asketischer Gelassenheit und schließlich zu einer weisen Offenheit dem Tod gegenüber. Nachdem Odysseus wie sein Autor von Europa über den Mittleren Osten nach Afrika wanderte, stirbt er ohne Widerstand in der weißen Öde der Antarktis. Kazantzakis beschreibt das sterbende Bewusstsein von Odysseus wie eine Flamme – eine Metapher für reines, körperloses Bewusstsein. In dieser Flamme leben alle Erinnerungen einen Moment lang weiter:

So wie der Lampe Flamme springt in einem letzten
   Fla-ckerschrein,

> sich aus des Dochtes engem Hals machtvoll in die Höhe
> schwingt und dann, ganz Freude,
> voller Licht, sich abwärts stür-zet in den Tod – es stürzt
> sich auch die starke Seel, bevor sie schwin-det in der
> Luft.
> Es glänzte der Erinnrung Feuer, große Funken schleu-
> dert es, und jeder Funke wir zum Antlitz, wird zur
> Stimme und er schreit –
> das Leben sammelt sich im Halse, jagt den Todesengel
> fort [...]

In gewisser Weise erklettert Odysseus eine weitere Stufe auf Kazantzakis' metaphysischer Leiter und wird eins mit seiner Welt. Als Flamme vereinigt er alles in sich und hat sich jenseits des Selbst und der anderen entwickelt – jenseits von Subjekt und Objekt – sowie weiterer vernunftgesteuerter Unterscheidungen (das ganze letzte Kapitel der *Odyssee* widmete Kazantzakis diesem philosophischen Höhepunkt).

Diese Erkenntnis ist jedoch nicht das Ende von Kazantzakis' philosophischer Entwicklung. Wie Odysseus erkennt er, dass alles eins ist, um dann einen Schritt weiterzugehen: »SELBST DIESES EINE EXISTIERT NICHT!«

Dieses nihilistische Konzept fand Kazantzakis im Zen-Buddhismus. Diese buddhistischen Vorstellungen spiegelten sich auch im Ryoan-ji-Tempel wider. Für Buddhisten stellt der Steingarten kein sinnliches Vergnügen dar, sondern ist ein Ort der Kontemplation des Erkennens der Vergänglichkeit. Die Zen-Schüler sollen sich hier unter anderem der Flüchtigkeit der Welt bewusst werden, während sie die schlichte Eindringlichkeit der Dinge genießen – was die

Buddhisten *tathātā* oder Solchheit nennen. In dieser Hinsicht war der *karesansui* ein meditativer Ort und eine weitere spirituelle Übung für Kazantzakis: eine Erinnerung daran, nichts Weltliches zu ersehnen.

Auch wenn der Autor von dieser Vision des Nichts inspiriert war, genügte es ihm nicht, sich rein auf das Meditieren zu konzentrieren oder apathisch einer Jenseitsvorstellung zu frönen. Man »gewinnt Mut aus dem Schrecken«, wie er es in einem Brief an Emile Hourmouziós nannte. Deshalb schließt auch sein Buch *Askese* nicht im Modus eines kontemplativen Mönchtums, sondern in einem aktiven Geist. Es ging Kazantzakis darum, »nicht passiv zuzusehen, während der Funke von Generation zu Generation springt, sondern mit ihm zu springen und zu brennen!« Dieser »Funke« ist natürlich eine weitere Metapher für seinen *Élan vital*.

Kazantzakis' Philosophie kann vor allem als disziplinierendes Credo verstanden werden, das ständiges Bemühen und eine buddhistische Weigerung des Begehrens dessen betont, was man durch seine Bemühungen erreicht hat. Kazantzakis misstraute Komfort, Stolz und Rücksichtnahme auf Konventionen. »Die größte Sünde«, schrieb er an seine erste Frau Galatéa, »ist Zufriedenheit.« Für ihn war der *Élan vital* ein großes kosmologisches und biologisches Prinzip, bedeutete aber auch eine Berechtigung zu weltlichen Innovationen. Er verstand sich als Teil eines ständigen Kampfes darum, die Realität zu formen und umzuformen – einschließlich der Realität seines Selbst. Daraus lässt sich auch seine Würdigung (und manchmal Verklärung) von Ausdauer und Auseinandersetzung verstehen. »Ihr sucht Gott?«, schrieb der Schriftsteller in seinem *Symposium*. »Hier ist Er! Er ist Tat und Bewegung, voller Fehler, tastend, beharrlich und ringend. Gott ist nicht die Kraft, die ewige Harmonie fand, sondern die Kraft, die jede Harmonie bricht und immer nach etwas Höherem strebt.«

Seine Schriften, in denen er gegen die Vorstellung einer göttlichen Vollkommenheit anschrieb, wurden von der griechisch-orthodoxen und der römisch-katholischen Kirche stark kritisiert. Doch Kazantzakis ließ sich nicht einschüchtern. »Wenn man ein Intellektueller ist«, schrieb er in *Askese*, »dann muss man in seinem Schädel kämpfen, Ideen erlegen und neue erschaffen.« Das traf auch auf sein eigenes Leben und Werk zu. Kazantzakis strebte ständig danach, seine Ideen und Eindrücke in Literatur umzuwandeln, um diese dann im nächsten Gedicht, Roman oder Theaterstück hinter sich zu lassen. Für ihn war dieses Streben eine Art Krieg gegen die Trägheit. Man muss nur seinen Schlachtruf im Vorwort seiner Reiseschilderungen durch Europa und den Mittleren Osten lesen: »Worte! Worte! Es gibt keine andere Rettung! Ich habe nichts in meiner Macht als vierundzwanzig kleine Bleisoldaten. Ich werde sie mobilisieren. Ich werde eine Armee losschicken.« Diese Soldaten wiederum wurden nach einer Weile von anderen zerstört oder verdrängt und wieder verwandelt. »Erneut beginnt der Anstieg« – so nennt Kazantzakis das in *Askese*.

Kazantzakis' literarische und philosophische Bestrebungen waren in gewisser Weise eine metaphysische Version des *Élan vital*. »Ich würde mich gerne ein wenig ausruhen«, schrieb er 1957, drei Jahre vor seinem Tod. »Aber wie? Ich bin in Eile. Eine Stimme in mir ist in Eile, gnadenlos.« Bis zu seinem Ende sah Kazantzakis' Einstellung so aus: Kampf, Opfer und flüchtige Verwandlungen.

EIN PERSÖNLICHER SINAI

Kazantzakis erkannte das Ideal ruheloser Neuerfindung, während er die Steine von Ryoan-ji betrachtete. Auf den ersten Blick mag das absurd wirken – eine derartige Urvitalität in toten Steinen zu erkennen. Doch für den Schriftsteller waren karge Landschaften genau die Orte, wo die lebendigsten, belebendsten Ideen entstanden. Kargheit war eine Möglichkeit für den *Élan vital*, zum Einsatz zu kommen.

Das lag teilweise daran, dass die Steine in Kazantzakis' Vorstellung Teil des weltlichen Werdens waren. »Ein Stein wird gerettet«, schrieb er in *Askese*, »wenn wir ihn aus dem Morast holen und ihn in einem Haus verbauen. Oder wenn wir einen Geist in ihn meißeln.« Er glaubte nicht, dass Steine in einem christlichen Sinne erlöst werden konnten. Es war eine poetische Formulierung, um damit seine Ablehnung von Verschwendung auszudrücken, unter anderem von Rohmaterial, das nicht in etwas anderes verwandelt wurde. Um sich weiterzuentwickeln, musste die Menschheit seiner Meinung nach ständig mit der Welt um sie herum arbeiten und eine »Transsubstantiation« von Materie in neue Formen erwirken. »Jeder Mensch hat seinen eigenen Kreis aus Bäumen, Tieren, Mitmenschen, Ideen«, erklärte Kazantzakis, »und er ist dazu verpflichtet, diesen Kreis zu schützen. Wenn er ihn nicht schützt, kann er selbst nicht gerettet werden.«

Aus diesem Grund glaubte der Autor, dass die harschesten, kargsten Orte künstlerisch besonders inspirierend waren. Sie *zwangen* den Menschen dazu, zu erschaffen und zugleich zu zerstören, um zu überleben. Als er 1927 auf die Sinai-Halbinsel fuhr, ritt er stundenlang auf einem Kamel durch die Landschaft, während er über das Schicksal der Hebräer nachdachte, die mit diesen »trostlosen, wasserlosen, unfreundlichen Bergen« konfrontiert waren, »welche den Menschen verachten und zurückstoßen«. Indem die Israeliten diese Wüste ertragen mussten, wurden sie mit der Zeit immer härter und grausamer. Dadurch verwandelte sich auch ihr Gott. »Er war nicht länger eine Masse aus unpersönlichen, heimatlosen, unsichtbaren Geistern um sie herum«, schrieb Kazantzakis, »sondern er wurde zu Jehova, dem gnadenlosen, rächenden, blutdürstigen Gott des einen Volkes, zum Gott der Hebräer.« Dieser Gott wiederum drängte die Juden, weiterzukämpfen und rechtfertigte ihre moralischen und politischen Gesetze. Gott verkörperte spirituell den Willen der Israeliten zu überleben, der sich in diesem harschen Umfeld notgedrungen entwickelt hatte. Kazantzakis entdeckte ein ähnliches Umfeld auch auf seiner Heimatinsel Kreta und auf seinen Reisen durch Spanien. Er erlebte die »wilden, unbewohnbaren Berge« von Kastilien als einen Ort, wo sich Realität und Traum vermischten. Es war eine grausame, epische Landschaft. »Im Gehirn kocht es«, schrieb er in seinem Reisebuch *Spanien*, »und glaubt, dass hier alles für einen kraftvollen, bereitwilligen Geist möglich ist.« Geprägt durch eine karge Kindheit war der Schriftsteller davon überzeugt, dass Kargheit zur Erneuerung führte. Die einzig anderen Optionen waren nämlich nur Tod und Auslöschung.

An anderer Stelle fand Kazantzakis Belege für dieselbe Erkenntnis in umgedrehter Form. In seinen Büchern verweist er immer wieder auf liebliche, fruchtbare Landschaften, welche den Menschen um ihr Ringen nach einer Fortentwicklung bringen. Auf der griechischen Insel Naxos, wohin seine

Familie aus dem besetzten Kreta floh, entdeckte der Autor ein üppigeres Leben. »Überall gab es riesige Berge von Melonen, Pfirsichen und Feigen«, schrieb er in seiner Autobiografie *Rechenschaft vor El Greco*, »umgeben von einem ruhigen Meer.« Naxos war bequem und angenehm, was für Kazantzakis einer beunruhigenden Einladung zur Trägheit gleichkam.

Nikos Kazantzakis war stets ein Mann der Extreme: idealistisch und körperlich, lyrisch und trocken zugleich. Ein halbes Jahrhundert nach seinem Tod spürt man in seinen Texten noch immer seine Intensität, die von seinem Freund Pandelis Prevelakis treffend als »ungestüm, undurchsichtig und oft aufgeregt« beschrieben wurde. Der kompromisslose Stil des Autors wurde auch treffend auf seinem Grabstein festgehalten: »Ich erhoffe nichts. Ich fürchte nichts. Ich bin frei.« Nicht jeder wird Kazantzakis' obsessive Arbeitseinstellung oder seine Neigung teilen, das Gewöhnliche mit dem Metaphysischen zu mischen. »In mir nimmt selbst das metaphysischste Problem einen warmen, greifbaren Körper an«, stellte er in *Rechenschaft vor El Greco* fest, »der nach Meer, Erde und menschlichem Schweiß riecht.«

Doch seine Reaktion auf den japanischen *karesansui* ist ein besonders augenfälliges Beispiel für einen gängigeren existentiellen und künstlerischen Ehrgeiz. Der Steingarten erinnert daran, sich selbst und die Welt ständig zu verändern, während er zugleich die letztendliche Sinnlosigkeit dieses Unterfangens zeigt.

Im Sommer vor drei Jahren konnte ich das bei meinem verstorbenen Nachbarn miterleben, einem begeisterten Gärtner. Wochenlang rechte er den Kies in seinem wunderbaren edwardianischen Garten. Ich erinnere mich gut an ihn: geschwächt von einem Schlaganfall und oft ins Wanken kommend (er brauchte seine Gehhilfe, um aufrecht stehen bleiben zu können). Doch er zog seinen Rechen über den Weg, Kieselstein nach Kieselstein. Es schien sinnlos. Die alltäglichen Notwendigkeiten – meine Kinder rannten ungestüm zur Haustür, der Hund fetzte hin und zurück, Autos fuhren rückwärts aus dem Tor – brachten das Ganze schnell wieder durcheinander. Seine Kraft wäre doch sicher sinnvoller eingesetzt gewesen, indem er sich ausruhe und erholte, indem er sich seiner Genesung hingab. Doch er hörte nicht auf, sondern focht seinen stillen Kampf gegen die kleinen Steinchen. Eine Woche lang, eine weitere und so lange, bis er nicht mehr ohne Hilfe stehen oder seinen Rechen halten konnte.

Für mich ist das ein eindrucksvolles Beispiel für Kazantzakis' Philosophie. Die Kiesel meines Nachbarn würden niemals Knospen haben oder blühen. Doch sie brachten ihn dazu, seinen Weg zu verändern, ohne dass ein Ende in Sicht gewesen wäre. Er litt unter den Auswirkungen des Alters und der Krankheit, hörte aber nicht auf. Das ist der *Élan vital* – die Sehnsucht zu schaffen und zu zerstören, zu kreieren und neu zu kreieren, zu erfinden und zu verwerfen, selbst wenn es sinnlos zu sein scheint. Die toten Kieselsteine sind eine Einladung, wirklich am Leben teilzuhaben, solange wir noch können.

JEAN-PAUL SARTRE:
KASTANIEN UND DAS NICHTS

Er… wimmelte alle meine Vorschläge ab, einen gemeinsamen Spaziergang zu machen. Er reagiere auf Chlorophyll allergisch, erklärte er, und diese ganzen üppig grünen Wiesen erschöpften ihn. Die einzige Art und Weise, wie er das ertrage, sei es, das Ganze zu vergessen.
  Simone de Beauvoir: *In den besten Jahren*

Jean-Paul Sartre war ein Loser. Dafür hielt er sich zumindest. Im Alter von neunundzwanzig Jahren war er kein vielversprechender junger Mann mehr und auch nicht mehr der Goldjunge seines Großvaters. Sartre hatte die besten Noten für seine Prüfungen an der Sorbonne erhalten und sich an der angesehenen Pariser Universität ausgezeichnet. Doch 1934 unterrichtete er Philosophie in Le Havre, einer konservativen Hafenstadt in der Normandie. Er hatte nichts gegen die Stadt, sie war durchaus pittoresk. Doch für Sartre wurde sie zu einem Symbol seines Scheiterns.

Der Philosoph tat sein Bestes, im Unterricht lebendig zu wirken. Er sprach angeregt ohne Skript, während er seine Pfeife rauchte. In der Freizeit spielte er mit den Jungen Pingpong und entblößte seinen Oberkörper, um mit ihnen zu boxen. Der kleine, schielende Mann war, wie ein Schüler später schilderte, »lebhaft, anregend, amüsant und ernst«. Doch Sartre machte sich insgeheim große Sorgen. Mit beinahe dreißig hatte er noch nichts Bedeutendes geschafft. Keinen Roman, kein Opus magnum, nicht einmal eine Kurzgeschichte in einer Zeitschrift. Bei einem Wein in einem Café am Meer sinnierte er mit seiner Vertrauten und Geliebten Simone de Beauvoir über sein dröges Leben – was er in seinen Kriegstagebüchern eine »zähe, gescheiterte Existenz« nannte. Seine berufliche Laufbahn stagnierte. Seine Freunde waren dieselben. Nichts Neues am Horizont – was auch für de Beauvoir zutraf. »Wir waren beide kurz vor dreißig«, schrieb sie in ihren Erinnerungen *In den besten Jahren*, »und trotzdem stieß uns nie etwas Neues zu!« Für Sartre bedeutete Le Havre das Todesurteil für eine potenzielle Größe – Hinrichtung durch Monotonie.

WELCH EIN SCHMUTZ! WELCH EIN SCHMUTZ!

Noch wusste Sartre nicht, dass Le Havre ihm zwei seiner berühmtesten Protagonisten liefern würde und zwar für das Buch, das ihn im Jahr 1938 endlich erfolgreich machte: *Der Ekel*. Der erste war Antoine Roquentin, die misanthropische Hauptfigur aus *Der Ekel*, der mit Lebensüberdruss, einer verlorenen Liebe und existentieller Angst zu kämpfen hat. Der zweite war ein Kastanienbaum im Stadtpark von Bouville – eine fiktive langweilige Hafenstadt, deren Vorbild vor allem Le Havre war. Im Oktober 1931 saß Sartre in Le Havre auf einer Bank in einem öffentlichen Park und betrachtete zwanzig Minuten lang diesen Baum. Er überlegte hin und her, wie er ihn beschreiben würde. Als er schließlich zufrieden war, ging er, bereit, »diesen Baum in etwas anderes zu verwandeln, als er war«, wie er de Beauvoir schrieb, Virginia Woolf paraphrasierend. Hätte Sartre de Beauvoirs romantisches Temperament gehabt, hätte ihn der Baum vielleicht zu einer Träumerei veranlasst. In der Gemeinde Saint-Cloud westlich von Paris fühlte sich de Beauvoir zum Beispiel vom Fluss und Wäldchen »beschwingt«, wie sie später schrieb. Nicht so Sartre. »Schaut euch den Biber an«, spöttelte er, »wieder einmal in einer ihrer Trancezustände!« Ganz gleich, wie »schön« der Kastanienbaum auch sein mochte – in *Ekel* schilderte ihn der Autor voller Widerwillen.

So wie Sartre die Geschichte erzählte, wurde Roquentins Besuch im Park zu einer philosophischen Epiphanie. Nicht angenehm, aber erhellend. Über Wochen war Roquentin durch das gequält worden, was er »Ekel« nannte, eine tiefsitzende Abscheu und Schwindel, ausgelöst durch gewöhnliche Dinge: Tassen, Essen, Hände. Er fühlte sich anderen gegenüber wesensfremd und warf ihnen ihre selbstverständliche Normalität innerlich vor. Doch im Park von Bouville verstand er endlich die Wurzel (im realen und im übertragenen Sinn) seines Problems: Existenz ist krankmachend. Nicht eine bestimmte Existenz, sondern Existenz an sich, die fundamentale Existenz aller Dinge. Für Roquentin (sprich, für Sartre) verdichtete sich diese Erkenntnis in dem Kastanienbaum. Es lohnt sich, sich die Passage aus *Der Ekel* genauer anzusehen.

Wohin ich auch blickte – ich sah nichts als Fülle. An den Enden der Äste war ein Gewimmel von Existenzen, Existenzen, die sich ununterbrochen erneuerten und doch nie geboren wurden... Ich sackte auf die Bank, benommen, fassungslos von dem Überfluss von Wesen ohne Ursprung: überall aufblühend, erblühend, meine Ohren surrten vor Existenzen, mein Körper pochte und öffnete sich, gab sich dem allgemeinen Sprießen hin, es war ekelhaft.

Der Baum ist für Sartre abstoßend, weil er keinen Grund für sein Dasein hat. Er ist einfach nur. Und dieses »ist« zeichnet sich durch eine Art Stupidität aus. Er existiert nicht nur ohne Plan oder Zweck, sondern er fährt auch fort zu existieren – wachsend, blühend, Früchte tragend, sich fortpflanzend, um dann wieder von Neuem zu beginnen. Der Baum will nicht leben, sondern er *kann nicht anders als zu leben.* »Jede Existenz wird ohne Grund geboren«, sagt Roquentin, »verlängert aus Schwäche sein Leben und stirbt aus Zufall.« Überall im Park gibt es diese absurde Existenz – Leben, das sich ohne Grund vermehrt. All die Bedeutungen, die ihm beigemessen werden – Schönheit, Tugend, vertraute Nostalgie – dienen nur als Masken. Unter den Masken lauert die grauenerregende Existenz, ohne Variationen oder Differenzierungen, nichts als obszöne Überflüssigkeit, einer Art herausquellender, klumpiger, ontologischer Knetmasse gleich. Der Park ist für Roquentin ein Ort des Schreckens. »Welch ein Schmutz! Welch ein Schmutz!«, ruft er.

EKEL UND DAS NICHTS

Natürlich war der Roman kein direktes Abbild vom Leben in Le Havre und auch Roquentin keine fiktionalisierte Kopie von Sartre. Aber im Kern ähnelten sie einander sehr. In seinen

Kriegstagebüchern schrieb Sartre, dass Roquentin er selbst ohne sein »Lebensprinzip« sei – also der Autor, nur ohne dessen Stolz, Leidenschaft und Ehrgeiz. Roquentins Melancholie, Bitterkeit und Ekel – all das zeichnete auch Sartre aus. Der Philosoph war in Le Havre depressiv gewesen und hatte mit Medikamenten und Drogen experimentiert: Aufputschmittel zum Schreiben, Schlafmittel für die Nacht und Halluzinogene aus Abenteuerlust. Meskalin verwandelte Regenschirme in Geier, Schuhe in Skelette. Aus dem Augenwinkel sah er auf solchen Trips weiteres wimmelndes Leben: »Krabben und Tintenfische und grimassierende Dinge«, erinnerte sich de Beauvoir in ihrer Autobiografie. All das legte sich Sartre aufs Gemüt und erschöpfte ihn zutiefst.

Sartres eigener Ekel ließ sich jahrelang nicht abschütteln. Er zeigte sich in seinem Widerwillen gegen »natürliches« Essen und gegen Landschaften sowie in seinem Schreiben. Als er sechs Jahre später sein existentialistisches Werk begann, machte er den Ekel zu einem Eckpfeiler seiner Ideen. In *Das Sein und das Nichts* bezeichnete er den Ekel als den »Geschmack« des Körpers. Das muss näher erklärt werden, denn das Buch ist berüchtigt dafür, dass es ziemlich schwer zu verstehen ist (was teilweise am damals modischen deutschen Jargon und teilweise an den Amphetaminen liegt, die Sartre ständig nahm). Mit »Körper« meinte er nicht wortwörtlich Haut und Knochen. Er verstand darunter vielmehr das bewusste Erleben des Körperlichen. Wir konstruieren diesen Körper, dieser Vorgang ist Teil des Bewusstseins. Das Gleiche trifft auch für die restliche Welt zu: Wir berühren, riechen oder sehen nie die unverstellte Existenz, was Sartre »das Sein« nannte. Damit meinte er nicht, dass es keine Realität gibt, sondern nur dass *unsere* Realität reines Bewusstsein ist. »Ich will... das Sein greifen«, schrieb er, »finde aber nichts anderes als mich selbst.« Das Sein besitzt weder Quantität noch Qualität – diese fügt ausschließlich das Bewusstsein hinzu. Sein *ist* einfach. Mehr kann man dazu nicht sagen. Es ist ungewiss – unnötig, zufällig, bedeutungslos, wir existieren, indem wir diesem Ungewissen ein Nein entgegenhalten. Das ist einer der wesentlichen Punkte, die Sartre zur Philosophie des zwanzigsten Jahrhunderts beitrug: Bewusstsein *ist* ein »Nein« dem reinen Sein gegenüber. Es ist auch ein »Nein« sich selbst gegenüber. Es verweigert sein eigenes reines Sein. Es ist nämlich stets geteilt. Wir trennen Teile unseres Bewusstseins in ein »Hier« und »Jetzt« sowie in ein »Dort« und »Damals«, wobei jeder dieser Teile ein kleines »Nichts« innerhalb der Psyche darstellt (daher auch der Titel des Buchs).

Sartres Vorstellung des Bewusstseins ist die einer Art unruhigen Kreation und Destruktion. Es erfindet sich und seine Welt ständig neu, um dann beides abzulehnen und wieder neu zu erfinden. Für Sartre bedeutet das Freiheit: Wir überschreiten unsere Körperlichkeit und schaffen uns ständig neu – im Bewusstsein und als Bewusstsein. Dennoch hielt uns Sartre für körperliche Wesen unter anderen körperlichen Wesen. Hier kommt der Körper ins Spiel. Es ist das Bewusstsein dieser Körperlichkeit, die Zugehörigkeit zu Sein – das unentrinnbare Gefühl *dieser* Zeit und *dieses* Orts, mit *dieser* Größe, *diesem* Gewicht und *dieser* Abstammung. Was Sartre als Ekel bezeichnete, war die Erinnerung an diese bedeutungslose Ungewissheit: der Geschmack nach verlorener Freiheit. All das löst bei uns Ekel aus – Blut, Innereien, fauliges Fleisch – und erinnert an die Körper, in denen wir gefangen sind. Deshalb empfand Roquentin den Kastanienbaum auch als abstoßend, denn während er ihn betrachtete, stolperte er über ein philosophisches Axiom: Alles, das weniger als reine Freiheit war, muss als stumpfsinnig und tot, als grundlos und ungerechtfertigt gesehen werden. Und genau darin müssen wir unser Leben lang verweilen.

In *Der Ekel* entdeckte Sartre diese Ungewissheit in Tassen und Stühlen. Doch es war der Kastanienbaum, der seine Fantasie anregte. Das war kein Zufall. Der Philosoph betrachtete die »Natur« als besonders verabscheuenswürdig und zugleich uninteressant. So ging er nur höchst ungern mit dem Biber und Freunden zum Wandern. Während die anderen durch die Gegend streiften, saß er da und schrieb, ohne auf die pittoreske Landschaft zu achten. Er bevorzugte Essen aus Dosen anstatt frische Produkte. Am glücklichsten war er in großen Stadtwohnungen. In einem Interview mit Harper's Bazaar nach dem Zweiten Weltkrieg beschrieb de Beauvoir den französischen Philosophen:

> Er hasst das Landleben. Er verabscheut – das Wort ist keineswegs zu stark – das wimmelnde Leben der Insekten und das Erblühen der Pflanzen. Am ehesten erträgt er noch das Meer, eine riesige Sandwüste oder die steinerne Kälte alpiner Berggipfel. Zu Hause fühlt er sich aber nur in den Großstädten.

Es handelt sich offensichtlich um einen journalistischen und keinen philosophischen Text – vielleicht machte sich de Beauvoir auch einfach nur ein wenig lustig. Das Interview spiegelt die Verwandlung des Existentialismus als Philosophie in eine modische Erscheinung wider: Treffen in Cafés, schwarze Rollkragenpullis und Jazz. Doch de Beauvoirs Schilderung war auch genau. Sartre hasste wirklich alles, was wir Natur nennen, sowie Landschaften. Wie sich in seinem Kastanienbaum-Albtraum zeigt, konnte er auch Parks und Gärten nicht ertragen. In *Der Ekel* schrieb er von den »kastrierten, domestizierten Pflanzen«, die an den Geländern an Meerespromenaden wuchsen. Ihre dicken weißen Blätter fühlten sich wie »Knorpel« an. Wegen des Regens wuchs in Bouville alles üppig und war zugleich weiß. Er fühlte sich belagert, weshalb er auch ungern die Städte verließ, denn die »Vegetation« wucherte über alles hinweg, und ihre grünen Klauen klammerten und grapschten. Das war typisch für Sartre und erinnert uns heute fast an eine alte Episode aus *Doctor Who*, wo dieser vom Ohr eines Lamms attackiert wird.

Für den Philosophen waren Pflanzen ein Symbol des Seins. Und Sein bedeutete Zufälligkeit – reine Existenz ohne ein freies

Bewusstsein. Was Sartres Visionen so einzigartig machte, war das Gefühl des Unglücks, dieses Sinnbilds des Ekels. Es war ein Bauchgefühl, das Denkern, die er bewunderte, nicht eingefallen war. Der deutsche Philosoph Martin Heidegger zum Beispiel hatte einen großen Einfluss auf Sartre. Der Franzose begann Heideggers *Sein und Zeit* in den 1930er Jahren zu lesen und setzte sich dann noch intensiver damit in einem Kriegsgefangenenlager während des Zweiten Weltkriegs auseinander (Heideggers Prosa verlangt nach einem aufmerksamen Lesen). Mehr als die anderen modernen Philosophen porträtierte Heidegger den Menschen am auffallendsten und systematischsten als ein kurzes Aufflammen von Bedeutung in einem ansonsten bedeutungslosen Kosmos. Doch während Heidegger die Angst vor unserer Verantwortung anerkannte, schreckte er doch nie vor dem Sein zurück – das heißt vor den nackten Tatsachen der Existenz. Vor allem in seinen späteren Werken vermittelte Heidegger ein ehrfurchtsvolles Staunen über das Sein als etwas Bewundernswertes und nicht als etwas Abstoßendes. So schrieb er zum Beispiel 1955, dass wir vom Sein einen Schritt zurücktreten, und zwar nicht als Zeichen unseres Rückzugs, sondern um innezuhalten und es bewundernd zu betrachten. Nicht zufällig liebte der deutsche Gelehrte zudem genau jenen Landschaftstypus, den Sartre so sehr hasste: Wälder, Flüsse und dazwischen einfache Hütten. Sartre lehnte bewusst Wanderungen mit de Beauvoir und Freunden ab, während Heidegger oft zur Erholung zum Wandern ging; er hatte sogar im Schwarzwald eine eigene Hütte. Sartres seltsamer Hass entstammte also nicht irgendwelchen philosophischen Prinzipien, sondern entsprang seinem eigenen Charakter.

Sartre war berüchtigt dafür, dass ihn die körperlichen Erkrankungen anderer wenig rührten. Während einer Schiffsfahrt, die etwas stürmischer verlief als gedacht, musste sich de Beauvoir ins Wasser übergeben. Sartre »ließ sich von meinem Würgen wenig beeindrucken«, schrieb de Beauvoir in ihrer Autobiografie, »das er als absichtliche Boshaftigkeit meinerseits bezeichnete«. Trotz seines Drogenmissbrauchs und häufiger Krankheiten hatte der untersetzte Philosoph eine gute Konstitution. Philosophisch betrachtet war Sartre jedoch deutlich schwächer als Heidegger und vielleicht auch als de Beauvoir. Wenn es um das Sein im Allgemeinen oder um wuchernde, triefende Pflanzen im Speziellen ging, ekelte sich Sartre bis ins tiefste Innere.

DIE KLEINE KRÖTE

Sartres Ekel begann in der Kindheit. Sein frühes Werk betonte die radikale Freiheit des Bewusstseins. Dieses habe, so argumentierte er, seinen eigenen wurzellosen Ursprung. Später jedoch begann der Philosoph eine mehr an Freud angelehnte Analyse und versuchte den Ursprung der Verletzungen in der Kindheit auszuloten. In dieser Analyse seiner selbst und anderer – Gustave Flaubert und Jean Genet – skizzierte er seine psychologische Entwicklung. Das Resultat ist nicht immer überzeugend, aber spätere Biografen bestätigten die Richtigkeit der Hauptpunkte.

In seiner Autobiografie *Die Wörter* erinnert er sich daran, wie weiblich er als Kleinkind gewesen ist. Angezogen wie ein kleines Mädchen, verweiblicht und mit langen blonden Locken geschmückt, lernte er nie typische männliche

Verhaltensweisen. Er wurde für sein niedliches und verspieltes Wesen geliebt. Als sein Großvater, der dominante Charles Schweitzer, seine Locken abschnitt, änderte sich das. Es wurde den Erwachsenen und Sartre selbst bewusst, wie wenig attraktiv er in Wirklichkeit war. Auf einmal hatte sich der hübsche Junge in Luft aufgelöst und war durch eine blinzelnde »Kröte« mit einem schwächlichen Körper und einem hin- und herwandernden rechten Auge ersetzt worden. Die Geschichte von Sartres wachsender Ernüchterung von sich selbst endete in einem Besuch im Jardin du Luxembourg in Paris. Keiner spielte mit ihm. Für die anderen Kinder war er weder schön noch stark noch mutig – so ganz anders als der Held seiner bevorzugten Abenteuererzählungen. Er war einfach nur ein kleiner, hässlicher, ungeschickter Junge. Es ging nicht um Spott oder Hass. Es war viel schlimmer: Er war unsichtbar. »Ich war meinen Richtern begegnet«, schrieb er, »und ihre Gleichgültigkeit verdammte mich. Ich kam nie darüber hinweg, dass sie mich entlarvt hatten. Ich war weder ein Wunder noch eine Qualle, sondern nur eine Krabbe, die niemanden interessierte.« Alles, was sich außerhalb von Sartres Kontrolle befand – sein Körper, sein Gesicht, seine Körperlichkeit –, war enttäuschend, und er hasste es. Er wurde, wie er in seinen *Kriegstagebüchern* schrieb, als »eine obszöne Ziege« wahrgenommen. Die Natur hatte ihm so gar keinen Erfolg beschert.

Nach Sartres Schilderung war es der Großvater, der nicht nur diese Krise ausgelöst, sondern auch zugleich die Lösung dafür präsentiert hatte: Kultur. Charles Schweitzer war ein hochgebildeter Mann – ein Deutschlehrer und Autor mehrerer Textbücher, der die französische Sprache liebte. Er ermunterte den Jungen zu lesen – klassische französische und deutsche Romane, die Enzyklopädie, Jules Verne – und vor allem zu schreiben. Und Sartre schrieb: Gedichte, Essays, Romane und zwar für den Rest seines langen Lebens. Er war ein höchst produktiver Autor, der häufig zwanzig Seiten am Tag verfasste. Obwohl seine Schulnoten je nach Stimmung und häuslichen Umständen besser oder schlechter waren, konnte man den Jungen eindeutig als intellektuell begabt bezeichnen. Er hatte einen scharfen Verstand und eine Leidenschaft für Sprache. Sein Großvater und seine Mutter beklatschten ihn, doch nun lag das nicht mehr an seinem niedlichen Shirley-Temple-Auftritt, sondern an seinen literarischen Ergüssen. Als Teenager wurde Sartre bewusst, dass er auch seine Klassenkameraden und Mädchen mit seiner Sprachgewandtheit beeindrucken konnte. »Schreiben war eine Art von Verführung«, stellte der Biograf Ronald Hayman fest. »Ziel war es, den Dingen ihr Geheimnis zu entlocken und dieses in all seiner Pracht einem Mädchen zu überreichen.« Zur gleichen Zeit begann Sartre auch für sich selbst zu schreiben. Es war zwar noch immer eine Art Auftritt, den er da hinlegte, doch jetzt war er sein einziger Zeuge und Richter. »Indem ich schrieb, existierte ich«, schilderte er in *Wörter*. »Ich entkam den Erwachsenen. Aber ich existierte nur, um zu schreiben, und wenn ich ›Ich‹ sagte, so meinte ich das Ich, das schrieb.« Im Jardin du Luxembourg als Kind zu spielen, war ihm nicht gelungen. Er war ein Außenseiter, eine »hässliche, kleine Kröte« gewesen. Auch beim Versuch, eine gewisse Lisette in einer blumengeschmückten Straße in La Rochelle zu beeindrucken, gelang dem »Penner mit dem einem Auge, das dem anderen Mist erzählt« ganz und gar nicht. Doch in einem Arbeitszimmer, einer Bibliothek, einem Klassenzimmer oder einem Café –

dort hatte Sartre die Zügel in der Hand. Kultur gewann, wo Natur scheiterte, und er hasste Zweitere dafür.

Es geht nicht um eine bloße Parallelsetzung. Es war nicht so, dass das Erleben der Ablehnung im Jardin du Luxembourg auf immer alle Parks und Gärten für Sartre unerträglich machte. Es war vielmehr eine Episode in einem ständigen Kampf um Liebe und Wertschätzung. Seiner Schilderung nach führte das zu einer tiefen Spaltung in ihm selbst zwischen dem, worauf er stolz war – seinen klugen Geist, seine Clownerien, seine literarische Begabung –, und dem, was für ihn beschämend und schmerzhaft war, also sein Körper und die Funktionen seines Körpers. Was seine Stimme, seine Ideen und seinen Humor betraf, war er ausgesprochen selbstbewusst. Mit ihnen gewann er viele schöne Frauen, mit denen er sich gerne umgab. Doch zu Sex kam es selten, und das lag an seinem Körper. In seinen mehr als kauzigen Passagen über Schleim in *Das Sein und das Nichts* verdammt er sowohl Pflanzensaft, Samen als auch Sex. Der Schleim steht hier als Sinnbild für eine »ekelhaft süßliche Rache der Frau«. Sex irritierte ihn. Zugleich war er davon überzeugt, dass eine Geliebte auch keine Lust durch *seinen* Körper erfahren konnte. Die Reflexe der Erregung waren ihm unangenehm, und er bezeichnete sich selbst »eher einen Masturbator als einen Kopulator«. Lieber als beides *schrieb* er jedoch in Briefen an Simone de Beauvoir ausführlich darüber. »Sartre vögelte Bianca«, schrieb der Philosoph Bernard-Henri Lévy über eine frühe Eroberung, »aber er kam beim Biber.«

In dieser Hinsicht war Sartre absolut – im Leben ebenso wie in der Philosophie. Wie er in *Das Sein und das Nichts* erklärte, war seine Freiheit absolut. Alles, was zu einer Anerkennung seines Selbst führte, war unendlich. Diese Idee erinnert an den Traum eines Schuljungen von übernatürlichen Kräften, nur dass in diesem Fall die Kraft im Kopf und nicht in den Muskeln lag. Alles, was ihn jedoch unterdrückte, war das absolute Andere. Er nahm jene Bereiche von sich selbst, die er verabscheuungswürdig fand, und spaltete sie völlig ab. Sie wurden zu einem reinen Sein – dumm, ungerechtfertigt, abstoßend. »Diese Hässlichkeit, diese absolute Katastrophe, die sich in der Ökonomie und Harmonie des Seins wiederfindet«, schreibt Lévy, »überzeugte ihn von der unbesiegbaren Dunkelheit der Dinge und der daraus folgenden Unmöglichkeit, sich mit der Welt zu versöhnen.« Deshalb verankerte Sartre den Ekel im Park von Le Havre und machte ihn zum Grundstock seiner Philosophie. Der Kastanienbaum war Teil der Natur, die er von sich abgespalten und auf die andere Seite eines ontologischen Abgrunds gestellt hatte. Heidegger verehrte das Sein und die Natur, wohingegen sein berühmtester französischer Schüler beides zutiefst hasste.

Wenn man Sartres Philosophie als einen Rückzug von Unbehagen, Hilflosigkeit und Scham betrachtet, wirkt sie weniger wie die glänzende Theorie eines freien Geistes, sondern mehr wie die eines Organismus, der sich selbst zu schützen versucht. In anderen Worten: Es ist nicht das Werk eines reinen Bewusstseins. Sartres Bewusstsein war von Instinkten und Impulsen durchzogen, die ebenso biologisch wie kognitiv waren. Indem er seinem Körper und der Natur als Ganzem entfloh, demonstrierte er den unvermeidbaren Einfluss von beidem. Nicht untypisch für die meisten Philosophen kann man auch bei Sartre den Ekel vor dem Kastanienbaum als etwas höchst Persönliches verstehen, und nicht als eine in sich schlüssige Idee.

ERWACHSEN WERDEN

Simone de Beauvoirs Lebenserfahrungen standen im direkten Kontrast zu denen von Sartre. In ihren autobiografischen Büchern schildert sie ihre Begeisterung der Landschaft von Limousin und die damit verbundenen, schlichten Träumereien eines Kindes (»Unter den dortigen Hecken und im Herzen des Waldes«, schrieb sie in *Memoiren einer Tochter aus gutem Hause*, »verbargen sich Schätze.«) Ihre Liebe für die Natur verstärkte sich, je älter sie wurde und je mehr sie Liebesbeziehungen, Krieg, Armut und Verlust durchleben musste. Nach dem Zweiten Weltkrieg schrieb sie aus Gary in Indiana an Sartre, wo sie bei ihrem Liebhaber, dem amerikanischen Autor Nelson Algren wohnte. Mit Algren hatte sie das genossen, was mit Sartre unmöglich war: gemeinsame Wanderungen und leidenschaftliche Nachmittage im Bett. Neben dem üblichen Klatsch und politischen Klagen schilderte sie ihr schlichtes Glück »im Garten, mit einem kleinen See zu meinen Füßen«.

De Beauvoir hatte den Mut, sich dem Körperlichen hinzugeben – ihrem eigenen und dem der Welt im Allgemeinen. Das soll nicht heißen, dass sie nicht auch von Sartres Existentialismus beeinflusst war. In ihrem einflussreichen feministischen Meisterwerk *Das zweite Geschlecht* sah sie den Körper nicht als das Ganze einer Frau, sondern als einen »begrenzenden Faktor für unsere Projekte«. Der Körper »reicht nicht, um sie als Frau zu definieren«, schrieb sie. »Es gibt keine wahre Lebensrealität außer jener, die sich durch das bewusste Individuum in dessen Aktivitäten und im Herzen der Gesellschaft manifestiert«. Das war eine typische Idee Sartres. Was die Frauen von wirtschaftlicher und beruflicher Gleichheit abhielt, war nicht das Gebären von Kindern, sondern sehr spezifische gesellschaftliche und psychologische Bedingungen. Auch de Beauvoir katalogisierte das Triefen, Zucken und Bluten (»das blutende Urteil«) des weiblichen Körpers, was an Sartres Äußerung über den Schleim erinnert. Doch im Gegensatz zu dem Philosophen betrachtete sie unsere Körper als unlösbar mit unserem Geist verbunden. Es gab keinen Bereich reiner Freiheit, denn der Körper nahm immer Einfluss. Sie verstand ihr Bewusstsein als ein Mischwesen und nicht wie Sartre als eine Reinform. »Wenn man sich den Tränen, den Nerven oder der Übelkeit überließ«, schrieb sie in ihrer Autobiografie *In den besten Jahren*, »erklärte er ... dass man einfach schwach sei. Ich ... erwiderte, dass der Bauch und Tränenkanäle, ja der ganze Kopf manchmal Kräften ausgesetzt seien, denen man nicht widerstehen könne.« Sie wollte nicht leugnen, dass ihre Psyche – wie im Park von Le Havre – blinde, dumpfe, gedankenlose Prinzipien und Prozesse aufweise, also Sartres »Sein«. Wenn sich de Beauvoir als Mädchen an »Trauerweiden, Magnolien, Araukarien« erfreute, konnte sie aus ganzem Herzen das genießen, was Sartre hasste.

Trotz seiner Ängste und seiner Abscheu war Sartre in der Lage, ein erfülltes, reiches Leben zu führen, und wurde von vielen leidenschaftlich geliebt. Als Mensch vermochte der Philosoph witzig, faszinierend und berührend zu sein – in Gesprächen und im geistigen Austausch zutiefst inspirierend. Er täuschte und beutete Frauen aus, war aber auch großzügig und loyal. Jahrzehnte der Missachtung seines Körpers führten dazu, dass er unter Schwindel, Lähmungen, Blindheit und Inkontinenz litt. Doch de Beauvoir ertrug ebenso wie seine anderen Freundinnen stoisch seine zahllosen Medikamente und Whiskyflaschen. Mehr als ein Vierteljahrhundert lang waren de Beauvoirs Briefe die Ergüsse einer zutiefst Liebenden: Von den »Hundert Küssen« von 1930 bis zu »große Umarmung und Küsse« von 1955 blieb sie eine treue Freundin für ihr »liebes, kleines Wesen«. Als er Schönheiten in Frankreich und anderswo verführte, ertrug sie seine Vermeidungsstrategien und Betrügereien. Er mochte vielleicht »ein bisschen wie ein Grab« sein, wie er das de Beauvoirs späterem Lebensgefährten Claude Lanzmann erklärte, doch der Gestank des Todes schien keine seiner Geliebten abzuhalten.

Als Schriftsteller verfügte Sartre über seltene Fähigkeiten – sowohl als Romanautor als auch als Journalist. Sein ganzes Berufsleben hindurch schrieb er, selbst wenn er dabei manchmal sein Publikum vergaß. Er mochte nicht der originellste oder einflussreichste Philosoph gewesen sein, doch sicher der berühmteste des zwanzigsten Jahrhunderts – der archetypische, öffentliche Intellektuelle. Fünfzigtausend Verehrer kamen zu seiner Beerdigung, und sein Name stand über der existentiellen Mode der 1950er Jahre. Es gibt viele, die nur um seinetwillen nicht vergessen sind. Sartres einseitige Philosophie führt nicht dazu, dass ihm sein berechtigter Erfolg verwehrt blieb. Die Schwachstellen in seiner Philosophie und seinem Leben waren und blieben stimmig. Jean-Paul Sartre war ein zutiefst moderner, urbaner Philosoph, für den Gärten zwischen langweilig und abstoßend changierten. Was er damit verlor, ging ihm sein Leben lang nicht ab.

VOLTAIRE: DAS BESTE ALLER MÖGLICHEN ANWESEN

Das Leben ist voller Dornen, und ich kenne kein besseres Heilmittel als seinen Garten zu bestellen.
  Voltaire: Brief an Pierre-Joseph de Boisjermain, Oktober 1769

Kümmern Sie sich um Ihre Reben, und zermalmen Sie den Schrecken.
  Voltaire: Brief an Jean d'Alembert, Februar 1764

In einen dicken Pelzmantel, fünf Seidenkappen und eine Wollmütze gekleidet sitzt Voltaire in seinem »Kabinett« – kein luxuriöses Studierzimmer oder Privatgemach in seinem klassizistischen Haus, sondern eine Bank unter einem alten Lindenbaum. Die Nachmittagssonne hat die Luft erwärmt, doch der »Monarch der französischen Literatur«, wie James Boswell ihn bezeichnete, zittert dennoch ein bisschen. Mit Mitte siebzig ist der große Autor der Aufklärung – Essayist, Dramatiker, Dichter und Satiriker – nur noch Haut und Knochen (und Nase, wie die Karikaturisten gerne herausarbeiten). Während er dort sitzt und schreibt, rutscht er ständig auf der Bank hin und her. Der Prostatakrebs wird ihn sieben Jahre später, im

Jahr 1778 töten, hat jedoch bereits begonnen. Aber er schreibt. Verborgen hinter Lauben, nur wenige Meter hinter den Kieswegen und den Pfaden seines Anwesens Ferney, wirkt er wie ein wohlhabender Ruheständler, der Anweisungen für seine dreiundzwanzig Gärtner aufschreibt oder ein weiteres lukratives Darlehen aushandelt. Doch was den reichen Mann dazu bringt, sein Chateau mit den sechzehn Zimmern zu verlassen, hat weder mit dem Haushalt noch mit dem Vermögen zu tun. In seinem Gartenkabinett lebt Voltaire ganz nach dem Motto, das er als bezahlter Philosoph Friedrichs des Großen in Preußen gefunden hatte: »*Écrasez l'infâme* – Zermalmt den Schrecken!«

Als »L'infâme« bezeichnete Voltaire das, was zu jeder Zeit die Freiheit zerstört und das Denken hemmt. In seiner Ära bedeutete das eine Allianz einer fanatischen Staatsreligion und des französischen Absolutismus, was den moralischen Prinzipien des Autors widersprach und für ihn zu viel öffentlichem und privatem Leid führte. Den Großteil des achtzehnten Jahrhunderts war Frankreich offiziell ein römisch-katholisches Land. Kirchliche Rituale, Dogmen und Aberglauben herrschten mehr oder weniger uneingeschränkt, wobei das Gesetz stark sowohl in Wort als auch in Tat davon beeinflusst war. Während seines langen Lebens wurde Voltaire zunehmend wütender über die Unterdrückung der französischen Bürger.

So wurde zum Beispiel seiner Freundin und Geliebten Adrienne Lecouvreur ein christliches Begräbnis verweigert. Ihr Verbrechen: Sie hatte als Schauspielerin gearbeitet. Während Monarchen und Aristokraten schuldlos in Voltaires Theaterstücken mitspielen konnten, wurden begabte Frauen wie Lecouvreur von Priestern, dem Adel und französischen Bürgern kaum besser als Prostituierte behandelt. Mit siebenunddreißig und trotz Voltaires verzweifelter Bemühungen wurde sie außerhalb von den Pariser Stadtmauern in einem Massengrab für Arme beerdigt. Ihre englische Kollegin, die Schauspielerin Anne Oldfield, wurde nur wenige Monate später, im Oktober 1730, in Westminster Abbey beigesetzt. Für Voltaire war diese sinnlose Tragödie das Werk von »l'infâme«. Dieselbe Allianz zwischen Kirche und Staat verhinderte auch die offizielle Veröffentlichung von Voltaires Epos *La Henriade* zum Lob des früheren protestantischen Königs Heinrich IV. »L'infâme« bedrohte auch Voltaire mit der Einkerkerung in der Bastille,

ohne dass es einen Prozess oder ein offizielles Urteil gegeben hätte, nachdem er sein Werk heimlich hatte veröffentlichen lassen. Es war in den deutlich progressiveren, protestantischen Niederlanden gedruckt und dann in einem Wagen voller Möbel sowie mit Packpferden nach Paris geschmuggelt worden. Für Voltaire ging im Frankreich des achtzehnten Jahrhunderts der schlimmste religiöse Aberglaube – Kommunion, Bittgebete, Religionskriege und der Glaube an Dinge wie die Ursünde – ein schreckliches Bündnis mit törichten Königen, einem boshaften Klerus und einem korrupten Parlament ein.

Um gegen diesen Schrecken anzukämpfen, wurde Voltaire – eigentlich François-Marie Arouet – ein beharrlicher Reformator, Philanthrop und Provokateur. Sein Ziel war einfach: »Je weniger Aberglauben, desto weniger Fanatismus; und je weniger Fanatismus, desto weniger Elend.« Obgleich er an Gott als den höchsten Schöpfer glaubte, griff er immer wieder verbal die Kirche an, die er als einen Ort der Ausschweifung betrachtete. Er machte sich über die Monarchie lustig, setzte sich für verfolgte Protestanten ein und investierte stark in lokale Geschäfte und die Infrastruktur. Mit einer Leidenschaft, die auch jetzt noch seine Leser zum Lachen bringt, ließ Voltaire keine Gelegenheit aus, sich über die Priester lustig zu machen. Im Jahr 1764 besuchte ihn der amerikanische Arzt John Morgan in Ferney und wurde von dem Zorn seines ehrwürdigen Gastgebers der französischen Kirche gegenüber überrascht. »Hassen Sie die Heuchelei, die Massen«, tobte er, »und hassen Sie vor allem die Priester.« James Boswell schilderte, wie Voltaire so wütend über den Klerus wurde – »wie ein Redner im alten Rom« –, dass er beinahe das Bewusstsein verlor. Selbst seine Stücke – von jenen einmal abgesehen, mit denen er sich beim französischen Hof lieb Kind machen wollte – enthielten ständige Attacken gegen die religiöse Bigotterie. Er glaubte, dass selbst die grausamsten Eiferer schluchzen würden, wenn sie ihre eigenen Verbrechen auf der Bühne sehen müssten. »Tränen«, fand er den Aphorismus in seinem philosophischen Wörterbuch, »sind die stumme Sprache der Trauer.« Doch Voltaire war zu mehr fähig als zum Melodrama. In einer Mischung aus Kolumnist und Stand-up-Komiker nahm er auch seine Zeitgenossen satirisch aufs Korn. »Niemand war jemals so geistreich beim Versuch, uns in Rohlinge zu verwandeln«, spottete er über seinen Zeitgenossen Jean-Jacques Rousseau. »Wenn man Eure Bücher liest, möchte man sogleich auf allen vieren kriechen.«

Obwohl Voltaire oft öffentlich auftrat, hielt er nichts von akademischen Nettigkeiten (»Alle Philosophen waren völlig unverständlich«, höhnte er). Er wollte Veränderungen herbeiführen – im Geist und zunehmend auch in der französischen Gesetzführung, in der Technologie und im Verhalten. »Es gibt einen Punkt, ab dem weitere Nachforschungen nur noch die Neugier befriedigen«, schrieb er in seinen *Philosophischen Briefen*, die er nach seiner Rückkehr aus dem relativ freien und toleranten England im Jahr 1729 verfasste. »Diese genialen und nutzlosen Wahrheiten erinnern an Sterne, die zu weit entfernt sind, um uns Licht zu schenken.« In dieser Hinsicht war Voltaire kein Philosoph im modernen Sinn, kein systematischer Theoretiker, der sich ausschließlich auf die Suche nach der Wahrheit um ihrer selbst willen begab. Er stand vielmehr den antiken griechischen Philosophen wie Sokrates und den Stoikern näher, denn er interessierte sich für die Wissenschaften und das Wesen der Realität, doch vor allem ging es ihm darum, den Verstand dafür einzusetzen, sich selbst und die Gesellschaft zu verbessern – was man im Französischen des 18. Jahrhunderts einen »philosophe« nannte. »Der Mensch ist zum Handeln geboren«, schrieb er als Entgegnung dem christlichen Philosophen und Mathematiker Blaise Pascal, »so dass Funken in den Himmel sprühen ... Nicht zu handeln, ist für den Menschen das Gleiche wie nicht zu existieren.« Voltaire hatte mehr Funken in sich als die meisten seiner Zeitgenossen.

»UNSER GARTEN MUSS BESTELLT WERDEN«

Für Voltaire waren die Gärten von Ferney ein Sinnbild seines »Handelns« – eine altruistische Reform vor Ort, die im Gegensatz zu einem engstirnigen Konservatismus stand. Er machte die oben zitierte Aussage in seiner Novelle *Candide*, die 1759 veröffentlicht wurde, kurz nachdem er sich in Ferney niedergelassen hatte. Zielscheibe seines das ganze Buch andauernden Sturzes ist eine Art metaphysischer Optimismus, geäußert durch Dr. Pangloss, der eine Art Vertreter des Philosophen Gottfried Leibniz und anderer sein soll, unter anderen von Voltaires jüngerem Zeitgenossen Jean-Jacques Rousseau. Pangloss glaubt, dass diese Welt die beste aller möglichen Welten ist, in der kosmologisch gesprochen »alles das Beste« sei. Vergewaltigung, Folter, Armut, Hunger mögen wie das Werk eines grausamen oder unfähigen Gottes wirken, doch in Wirklichkeit sind sie nur Teil eines großartigen Ganzen (wir könnten sie einen »metaphysischen Kollateralschaden« nennen). In Kombination mit einer weit verbreiteten Ungleichheit und Ungerechtigkeit vermittelte diese Philosophie eine zutiefst konservative Botschaft: Ignoriere die Grausamkeit der Welt, denn alles ist für das Beste. Voltaire zeigte, wie sein Held Candide diese Plattitüden naiv akzeptierte und sich dann gezwungen sah, sich ihrer Absurdität zu stellen. Nachdem er Zeuge einer Reihe von Schrecken geworden war und auch einige hatte erleben müssen, lehnte Candide den »metaphysiko-theologiko-kosmolo-nigologischen« Unsinn ab und zieht sich stattdessen in ein stilleres Leben zurück. Seine letzte Erwiderung auf Pangloss ist berühmt geworden: »Unser Garten muss bestellt werden.«

Zuerst mag das wie ein schwacher Gegenschlag erscheinen – ein Rückzug aus der Welt und so ganz anders als Voltaires sonstige Bereitschaft, sich auf ein Verbalduell einzulassen. Er schrieb einen Großteil von *Candide* in Ferney, weit entfernt vom königlichen Hof und dem Parlament. Nachdem er bereits das Innere einer Zelle in der Bastille gesehen hatte und aus Paris verbannt gewesen war, versuchte Voltaire alles, um in Zukunft der französischen Obrigkeit aus dem Weg zu gehen. Pays de Gex, wo Ferney lag, war fern von den Machtzentren Paris und Versailles sowie in der Nähe der Grenze, falls er in die Schweiz oder in das preußische Prorektorat Neuchâtel fliehen musste. Er hatte einen Großteil seiner Jugend und der späteren Jahre damit verbracht, von einem Mäzen zum anderen zu wandern, stets abhängig von der Gnade der jeweiligen Gebieter oder des Klerus, und so gelernt, dass ihm durch eine gewisse Distanz eine literarische Freiheit eher möglich war. Der preußische König Friedrich der Große bezeichnete den Philosophen einmal als eine Orange, die man zur Unterhaltung auspressen und dann wegwerfen konnte. Voltaire beschloss, »die Orangenschale in sichere Verwahrung zu nehmen«. Als er das Anwesen Les Délices (Die Wonnen) erwarb, machte er daraus keinen Hehl. »Ich sage das, was ich denke«, schrieb er von dort, »und tue, was mir gefällt.« In Ferney, gleich an der französischen Grenze, hatte er beides: Er befand sich in der sicheren Nähe der Schweiz, jedoch weiterhin in seinem eigenen Heimatland.

Voltaire nutzte sein Anwesen auch dazu, sich von den Ablenkungen fernzuhalten, die der Ruhm mit sich brachte. Als er mit vierundsechzig Ferney erwarb, war er weniger eine Berühmtheit als vielmehr eine literarische Gottheit. Er traf in Ferney und Tourney in einer luxuriös ausgestatteten Kutsche ein, gekleidet in leuchtend roten Samt und Hermelin, um mit großen Blumensträußen, Körben voller Orangen und Kanonenschüssen begrüßt zu werden. Im Laufe des Jahres empfing er Besucher wie ein König bei Hofe, vor allem englische und schottische Reisende auf ihrer Grand Tour (einhundertfünfzig Engländer in zehn Jahren, wie sein Biograf Roger Pearson berichtet). »Seit vierzehn Jahren nun bin ich der Gastwirt Europas«, schrieb Voltaire 1768. Aufgrund seiner Popularität und seiner Pflichten als Gutsbesitzer und Philanthrop wurde er oft unterbrochen. Seine Spaziergänge in Ferney und die dortigen Lauben gestatteten ihm einen Rückzug vor den vielen Gästen in seinem Chateau. Auf seiner Bank, verborgen durch »Immergrün-Hecken«, holte sich Voltaire die Einsamkeit und Stille zurück, die er durch seinen Ruhm verloren hatte.

Doch der Garten symbolisierte für ihn keine mönchische Ruhe – ganz im Gegenteil. Er schützte ihn vor Angriffen und Ablenkung, war jedoch für ihn auch ein Sinnbild für Mitgefühl, Verantwortung und Pragmatismus – ein Aufruf an ihn, seine direkte Umgebung zu verbessern. Voltaire zufolge war die Welt von Elend und Grausamkeit durchzogen, und kein gütiger, allmächtiger Gott würde jemals erscheinen, um dieses Chaos in Ordnung zu bringen. Es gab keinen großen Plan – keine Vorsehung – und schon gar keinen göttlichen Auftrag für Könige und Klerus. Doch für Voltaire war das kein Grund für Zynismus oder Fatalismus. Die Natur gab dem Menschen Hoffnung und Verstand, und es lag dem Philosophen zufolge in unserer Hand, die Situation zu verbessern. Statt große philosophische Systeme zu entwickeln oder sich an der Macht zu berauschen, sollten wir in unserem eigenen kleinen Einflussbereich etwas zu ändern beginnen: in unseren Ehen, bei unseren Kindern, in unseren Städten und kleinen Hinterhofgärten. Daher rührte auch Voltaires Verpflichtung seinem Anwesen gegenüber. Der Weizen auf Ferney wuchs nicht von selbst. Um das Brot auf den Tisch des Barons zu bekommen, mussten jedes Jahr die Felder bepflanzt und geerntet werden. Ferney bedurfte praktischer Erfahrung, ständiger Arbeit und Hingabe. Das Gleiche galt für die staatlichen Einrichtungen. Voltaires Anwesen stand für Frankreich als Ganzes, das klug, gütig und tolerant regiert werden musste. Das war die Schlussfolgerung: Candides Garten verlangte nach einem sorgfältigen, aufmerksamen Gärtner, einem, der die Gesellschaft ebenso wie den Erdboden versorgte.

Es war nicht nur eine literarische Spielerei in *Candide*. Immer wieder ging es in Voltaires Briefwechsel um das Gärtnern, vor allem wenn er darauf pochte, dass Reformen her mussten. Zum Beispiel erklärte er dem Mathematiker und Enzyklopädisten Jean d'Alembert, dass es an der Zeit sei, den Koloss der Religion und der Tyrannei zu stürzen. »Kümmern Sie sich um Ihre Reben«, riet er 1766 d'Alembert, »und zermalmen Sie den Schrecken.« Diese Metapher benutzte er regelmäßig in Briefen an die Enzyklopädisten – ebenso wie Bilder von Früchten, Blumen und »dem Säen von gutem Korn«. Für Voltaire gehörten die Arbeiten mit der Natur und aufklärerische Reformen zum gleichen Projekt: dem Einsatz seiner natürlichen Intelligenz, um Freiheit und Chancen zu propagieren. Seinen »Garten zu bestellen« hieß, *diese* Welt hier und jetzt ein wenig besser zu machen.

Voltaires Gärten um sein Chateau waren praktische Beispiele für diese Einstellung, die sich in Candides progressiver Haltung letztlich auch widerspiegelte. Sie standen nicht nur für die Aufklärung – sie *waren* die Aufklärung. Im Jahr 1735, ehe Voltaire Ferney erwarb, ließ sich der Autor in Cirey nieder, einem Landhaus seiner damaligen Geliebten, der Mathematikerin und Wissenschaftlerin Émilie du Châtelet. Das Paar plante zusammen, wie sie die Gärten ihres Anwesens anlegen wollten und neckten sich dabei liebevoll. »Sie ließ Linden dort pflanzen, wo ich mich für Ulmen entschieden hatte«, grummelte Voltaire 1734 der Comtesse de la Neuville gegenüber. »Sie ließ das, was ich als Gemüsebeet entwarf, zu einem Blumengarten machen.« Das Ganze zeigte eine Art von Unabhängigkeit, hatte aber auch etwas Altruistisches. Als Émilie so tragisch früh starb, blieb sie Voltaire im Gedächtnis. Im Jahr 1755 zog er mit seiner neuen Begleiterin (und Nichte) Madame Denis nach Les Délices nach Genf. Sogleich begannen sie, sich um den Garten zu kümmern. Sie bestellten Blumen und Kräuter, pflanzten Spargel und Artischocken in ein Treibhaus und setzten Apfel-, Pfirsich- und Birnenbäume. Für den Besitzer des Anwesens bedeutete das mehr als bloße Unterhaltung. Es war eine Möglichkeit, für sich und andere Verantwortung zu übernehmen. Er verstand sich nicht nur als Autor oder als zu Recht Gekrönter, sondern als großzügiger Ältester. »Hier bin ich«, schrieb er im Frühling 1755 mit einem Hauch antikirchlicher Ironie, »und führe endlich das Leben eines Patriarchen.« Voltaire bot sogar Jean-Jacques Rousseau, dessen Ideen er verhöhnte, die Annehmlichkeiten von Les Délices an: Freiheit, weiches Gras und »die Milch von Kühen« (Rousseau lehnte vorhersehbarerweise ab).

In Ferney und Tourney (einem Nachbaranwesen, das etwa fünf Kilometer entfernt lag) zeigte sich Voltaire noch eifriger. Wie er sich vorgenommen hatte, legte er Sümpfe trocken, machte Felder fruchtbar, säte Getreide und pflanzte Reben. Viele Erzeugnisse seiner Ländereien endeten auf dem Banketttisch für seine vielen Gäste. »Zeigt mir in der Geschichte oder einer Fabel einen berühmten Dichter von siebzig Jahren, der in seinen eigenen Stücken mitspielte und die Szene mit einem Festessen und einem Ball für 100 Leute beendete«, schrieb der Besucher Edward Gibbon 1763. »Ich glaube, Letzteres ist das Außergewöhnlichere der beiden.« (Der Autor von *Verfall und Untergang des römischen Imperiums* kannte sich wahrscheinlich ein wenig mit festlichen Essen aus.) Voltaire hatte sich sogar ein Stück Land in der Nähe des Chateaus Ferney reserviert, das er persönlich bearbeitete. Man nannte es »Monsieur de Voltaires Feld«. Formelle Gärten wurden ebenfalls so wie eine Parklandschaft mit Eichen, Linden und Pappeln angelegt. Dort fand sich auch das Laubenkabinett des Philosophen und eine Kolonie von Seidenraupen (vielleicht die Quelle für seine vielen Kappen).

Neben seinen Kampagnen für Rechtsreformen und Menschenrechte stellten Ferney und Tourney einen wesentlichen Teil von Voltaires Kampf gegen »l'infâme« dar. Die Landgüter standen für sein Bemühen, Frankreich besser zu hinterlassen, als er es vorgefunden hatte. Wenn schon die Könige Ludwig XV. und Friedrich der Große, beide mit Kriegshetzereien und Gewinnmacherei beschäftigt, ihre Länder nicht verbesserten, so wollte sich Voltaire zumindest um das seine kümmern.

DIE STIMME DER NATUR

Gärten waren demnach symbol- und beispielhaft für Voltaires ethisches Projekt. Sie brachten ihn zudem dazu, ständig am Ball zu bleiben, denn sie zeigten ihm eine Vision von der Komplexität und Größe der Natur. Als gottgläubiger Mensch war Voltaire vom Argument der vollkommenen Gestaltung der Welt überzeugt. Ein Universum, das so elegant war, konnte kein Ergebnis von Zufall sein. »Die Welt ist wahrlich eine bewundernswerte Maschine«, schrieb er in seinem *Philosophischen Wörterbuch*. In Ferneys Sonnenaufgängen und Feldern erkannte Voltaire ein tieferliegendes Muster – nicht die Enthüllung kirchlicher Doktrinen oder des göttlichen Rechts von Königen, sondern eine göttliche Schönheit und Intelligenz. Diese Erkenntnis barg die Botschaft, wohlwollend und verantwortungsbewusst zu handeln und zwar einem heiligen, aber unvollkommenen und unvorhersehbaren Universum gegenüber. Es war nicht die beste aller möglichen Welten, in der »alles gut war«. Aber sie war gut geplant und verbesserungsfähig. Mit Hirnschmalz, Muskelkraft und gutem Willen konnte man sie verbessern. In seinem *Traktat über die Toleranz* von 1763 fasste Voltaire diese Philosophie zusammen, indem er seinen eigenen Glauben der Natur in den Mund legte:

Ich habe Euch die Kraft gegeben, die Erde zu bestellen, sowie einen kleinen Funken Vernunft, um Euch zu leiten. Ich habe in Euren Herzen eine gewisse Portion Mitgefühl gepflanzt, damit Ihr in der Lage seid, einander im Leben zu unterstützen.

Da Voltaire die Natur so betrachtete, sah er keine andere Möglichkeit, als mit seinen Reformen fortzufahren – zu arbeiten, obwohl seine Augen, seine Zähne und seine Verdauung im Laufe der Jahre immer schlechter wurden. Die Erde sagte ihm nicht, dass er um Gottes Gnade beten oder Häretiker für ihre unorthodoxen Methoden verbrennen solle (»Beinahe alles, was über die Anbetung des Höchsten Wesens und den Gehorsam des Herzens einer ewigen Ordnung gegenüber hinausgeht«, schrieb er, »ist Aberglaube«). Die Felder und Lindenbäume von Ferney vermittelten eine progressivere Botschaft: François-Marie, kümmere dich um deine Reben.

Für Voltaire waren Sicherheit und Frieden Teil der größeren Verantwortung für einen vernunftgeleiteten Fortschritt sowie für die Schätze der Natur, die ihn bereicherten und ermutigten. Ferney wurde für den Philosophen nicht zur besten aller möglichen Welten, weil Gott ihn liebte oder er in der Gnade eines Königs stand, sondern weil Monsieur Voltaire seine Gärten so wie sein Candide selbst bestellte – und sie ihn.

EIN FREMDER AN DER PFORTE

Ist die Frische der Luft nicht wunderbar angenehm ...
Und als krönender Abschluss das Gras, dicht genug auf dem
sanften Hügel, dass man seinen Kopf höchst bequem dort
darniederlegen kann.
   Sokrates in Platons *Phaedros*

Ungeachtet seiner Vorliebe für Schierling war Sokrates nicht gerade für ein Interesse an Botanik bekannt. »Die Menschen, die in der Stadt leben, sind meine Lehrer«, erklärte er seinem Freund Phaedros, »nicht die Bäume oder das Land.« Sokrates war zwar im Freien durchaus glücklich (so wanderte er auch im Winter nur in einer leichten Robe durch die Straßen von Athen). Doch sein Interesse galt vor allem dem Menschen. Moral war für ihn wichtiger als Biologie oder der Körper. »Kenne dich selbst«, lautete sein delphisches Motto. Um seine Gedanken zu verfeinern, bedurfte Sokrates des Gesprächs und der Debatten mit anderen freien Menschen und nicht eines Spaziergangs durch die Natur. Aus diesem Grund verließ der Philosoph auch selten die Stadt. Er gründete weder ein Lykeion noch eine Akademie – sein Klassenzimmer war vielmehr die Agora, der Marktplatz von Athen.
   Doch Platon hinterließ einen interessanten Dialog – *Phae-*

dros–, in dem Sokrates einen Lobgesang auf einen Garten anstimmt. Seine kurze Begeisterung für einen heiligen Hain stellt ein überraschendes Zeugnis für den intellektuellen Wert des Gartens dar.

SOKRATES ENTWICKELT EINE LEIDENSCHAFT

Nach Platon wurde Sokrates von seinem Freund Phaedros dazu überredet, über Land zu laufen, indem dieser ihm versprach, ihm währenddessen laut einen neuen Aufsatz des Ge-

lehrten Lysias vorzulesen. Phaedros ging auf Anweisungen seines Arztes spazieren, wohingegen Sokrates aus reiner Neugier mitkam. Sie erreichten einen heiligen Hain am Ufer des Flusses Ilissus, gleich hinter den Stadtmauern Athens. Wie Christopher Thacker in seiner *Geschichte der Gärten* vermerkt, waren die Haine die Vorläufer der klassischen Gärten. Sie strahlten etwas urtümlich Heiliges aus – einerseits abseits von der Stadt, andererseits in der freien Natur und dabei oftmals mit Altären und Statuen geschmückt.

Sokrates, der wenig Interesse an Hainen oder Wäldern gezeigt hatte, saß am Fluss Ilissus und wurde von einem seltsamen Gefühlsüberschwang erfasst. »Auf mein Wort, ein hinreißender Ruheort, mit der weiten Ebene«, erklärt er dem verblüfften Phaedros, »und ein wunderbarer Schatten von den großen Ästen des *Agnos*. Nachdem nun alles gerade blüht, wird es hier herrlich duften.« Während des ganzen Dialogs gesteht Sokrates immer wieder, von den Geistern des Hains berührt zu sein. Er bittet die Musen, ihm mit seiner Rede zu helfen, und spricht von einer »göttlichen Präsenz«, die ihn belebt. An einer Stelle bezeichnet er seinen Stil als »Dithyrambos« und verweist damit auf die Chorlyrik, die traditionell durch Dionysos inspiriert wurde und zwar häufig in heiligen Hainen.

Trotz der für Sokrates typischen Ironie durchzieht diesen Dialog durchgehend ein lyrisches Element, was ganz anders als seine sonst charakteristische nüchterne Logik und sein trockener Humor anmutet. *Phaedros* war auch für Platon etwas Besonderes, denn auch er schreckte gewöhnlich vor allem Körperlichen und Sinnlichen zurück. In *Phaedro* argumentiert er zum Beispiel, dass die Seele vom Körper »in die Irre geführt« würde. Der wahre Philosoph müsse alles Fleischliche, soweit das möglich sei, überwinden. Doch am Ufer des Ilissus lässt er Sokrates von »göttlichem Wahnsinn« besessen sein und die physische Welt loben, die der Autor bisher oft verächtlich abgetan hatte: den lauen Wind, das Zirpen der Zikaden und das »Kissen« aus Gras. Überwältigt erklärt Sokrates, dass poetische Leidenschaft »seine zarte, jungfräuliche Seele ergriffen und sie zu einem verzückten Ausdruck der Passion gebracht« habe. Wie die Schönheit eines Geliebten könnten auch die Geister einer Landschaft dazu beitragen, dass der Dichter eine ultimative Wirklichkeit erkenne – Platons göttliche Ideen statt der Illusionen eines gewöhnlichen Lebens. Sokrates zeigte sich nicht überschwänglich im Sprechen, sondern er hatte zusammen mit seinem Schüler im Hain eine Art metaphysische Vision, wie sie auf dem Marktplatz oder im Gymnasion niemals möglich gewesen wäre. Die dort herrschende heilige Stimmung inspirierte Sokrates zu seinen Reflexionen – und zwar intuitiv. Er dachte nicht nur über die Verbindungen zwischen Wahnsinn, Schönheit und Wahrheit nach – er spürte sie, als wäre sein Körper davon besessen.

Der genaue Vorgang von Sokrates' Epiphanie bleibt vage. Platons Erklärungen sind oft eher mythisch als wissenschaftlich und weisen einen Supranaturalismus auf, der vielen modernen Philosophen gegen den Strich geht. Dennoch ist *Phaedros* ein eindrucksvolles Beispiel für das philosophische Potenzial eines Gartens. Für Sokrates war die Schönheit des Hains ein ästhetischer Auslöser für Träumereien und Reflexionen. Phaedros bemerkte, dass Sokrates wie ein »Fremder« durch die Tore seiner Stadt gegangen sei und diese zum ersten Mal wirklich wahrgenommen habe. In anderen Worten ermöglichte die Erfahrung des Hains einen Sinneswandel. Der Philosoph musste nur *noch einmal schauen* – und zwar mit der durch die Natur ausgelösten charakteristischen Aufmerksamkeit und Empfänglichkeit.

GLEICH HINTER DEM TOR …

Für Platon hatte Sokrates' Begeisterung eindeutig praktische Konsequenzen. Etwa dreißig Jahre später eröffnete er seine Schule in der Nähe der geweihten Grabstätte von dem Helden Akademos, das ebenfalls in der Nähe der Stadtmauern lag. Etwas über zehn Jahre nach Platons Tod gründete sein Schüler Aristoteles das Lykeion, unweit des Flusses Ilissus. Seit der klassischen Antike gab es zahlreiche große Philosophen, Romanciers und Dichter, die etwas suchten, was sich weder in einem Salon in Sussex noch in einem Hörsaal in Basel oder in einer Wohnung in Paris finden ließ. Der Garten wurde für sie zu einem geistig und künstlerisch Mitwirkenden – im Grunde zu einem stillen Teilhaber.

Einige – wie Woolf, Orwell, Dickinson, Austen und Voltaire – machten sich regelmäßig die Hände schmutzig. Andere, wie Proust und Colette in späteren Jahren – kompensierten Gefühle der Entfremdung durch ihre Imagination. Wieder andere – wie Kazantzakis, Rousseau und Nietzsche – waren hauptsächlich mit Beobachtungen und Reflexionen beschäftigt. Was sie alle mit Platon und miteinander verband, war die Hingabe an ein Geistesleben und die Erkenntnis, dass dieses durch den Garten gesteigert und bereichert werden kann. Über zweitausend Jahre lang hat der Garten die einen mit gottesgläubiger Ehrfurcht erfüllt, während sich die anderen mit seiner gottlosen Anarchie konfrontiert sahen. Der Garten hat beruhigt, ermutigt und erbaut.

Man braucht keinen Bonsai, keinen Obstgarten und keinen geharkten Kies, um tiefgründige Gedanken hegen zu können, und nicht jeder Gärtner ist auch ein Aristoteles. Wie Sartres Ablehnung der Natur zeigt, ist der Garten nicht notwendig für die Philosophie oder ein Leben in geistiger Freiheit. Er bietet einfach eine Gelegenheit für eine bestimmte Meditation und Kontemplation. Dafür muss er weder großartig noch exotisch sein. Trotz der ganzen hier genannten großen Anwesen ist es oft der ganz gewöhnliche Garten, der besonders inspiriert. Das Mysterium ist selten weit entfernt, und dieser philosophische Begleiter wartet auch heute noch, wie er das für Sokrates tat, gleich hinter dem Tor.

BIBLIOGRAFIE: BLÄTTERN

In *Tage des Lesens* beschreibt sich Marcel Proust als Kind, das in einem Irrgarten aus Hecken nach einem Schlupfwinkel zum Lesen sucht. In der Nähe des »Spargelbeets, der Erdbeerrabatte und des Teichs« vermochte er in Ruhe zu lesen, unbemerkt und von den Eltern (oder Bediensteten) ungestört.

In diesem charakteristisch immer wieder abschweifenden, aber dennoch charmanten Essay zeigt Proust, dass Bücher oft Erinnerungen an verlorene Gärten sind: Wir erinnern uns nicht immer an die genauen Worte, die wir lasen, aber an die Bäume, unter denen wir dabei saßen, oder an das frisch gemähte Gras, dessen Duft uns dabei in die Nase stieg. Was bleibt, ist eine Mischung aus Text und Landschaft.

Das funktioniert nicht nur in die eine Richtung. Wenn Bücher Miniaturlandschaften beinhalten, gestalten sie diese auch um, während wir davon lesen. Sie schaffen bereichernde Eindrücke und verstärken unsere Sympathien. Das Efeu, das an meinem Fenster meines Arbeitszimmers wächst, erinnert an Woolfs Ceylon, während Stiefmütterchen an Prousts Nostalgie denken lassen (auf Französisch heißen sie treffend *pensées*). Trotz meines Atheismus löst der Anblick der regelmäßig blühenden Kamelie in unserem Vorgarten den Gedanken an Voltaires Gottesgläubigkeit aus, während die Friedenslilie neben meinem Schreibtisch die Schusterpalme nachzuahmen scheint, die an Orwell erinnert.

Kurz gesagt: Es gibt einen beständigen Austausch zwischen Büchern und Gärten, zur Bereicherung beider. Der Garten ist ein Raum für Bücher und Gelehrsamkeit. Mit diesem Gedanken im Hinterkopf habe ich hier die Literatur zu diesem Buch zusammengetragen, die meine eigene Anschauung in dieser Hinsicht beeinflusst haben.

Trotz so viel Philosophie, die im Garten stattgefunden hat, gibt es sehr wenig gute, moderne philosophische Werke, die sich mit dem Thema befassen. David E. Coopers *A Philosophy of Gardens* (Oxford 2006) bildet mit seiner Klarheit und Einfühlsamkeit eine rühmliche Ausnahme. Vor allem Coopers Idee einer »Exemplifizierung« liefert gute Argumente für

die besondere Bedeutung des Gartens – die Wechselbeziehung zwischen Natur und Mensch. Cooper überzeugt auch hinsichtlich der Tugenden, die durch den Kontakt mit dem Garten gefördert werden. Sein Beispiel Cézanne – dessen Werk auch den Umschlag ziert – ist dabei besonders interessant.

Tom Turners *Garden History. Philosophy and Design 2000 BC – 2000 AD* (Spon Press 2005) kombiniert die Geschichte des Gartens mit der Geschichte der Ideen und einem aufmerksamen Blick für die Spezifika bestimmter Entwürfe. Seine Zeichnungen von Gärten mit weitverbreiteten Gartengestaltungen und ihren Variationen sind besonders hilfreich. Das Buch ist zwar wirklich teuer, aber wunderschön gemacht.

Christopher Thackers *The History of Gardens* (Reed 1979) zeichnet sich durch seinen charmanten Schreibstil, den literarischen Ton und die relevanten Illustrationen aus. Man kann es noch gut antiquarisch bekommen. Aus denselben Gründen gefiel mir auch Ronald Kings *The Quest for Paradise* (Mayflower Books 1979). Eine umfassendere – was sowohl den Inhalt als auch die Illustrationen betrifft – und jüngere Geschichtsdarstellung findet sich in William Howard Adams' *Nature Perfected* (Abbeville Press 1991). Jane Browns *The Pursuit of Paradise* (HarperCollins 2000) hingegen verfolgt überzeugend die Sozialgeschichte des Gartens. Browns Kapitel zu Militär- und Kindheitsgärten sind besonders faszinierend.

Thacker verfasste auch eine Geschichte des Gartens in England – *The Genius of the Garden* (Weidenfeld & Nicolson 1994) –, die technische Details zu Gestaltung und Pflanzungen mit philosophischen und literarischen Strömungen verbindet. Wie immer ist auch hier Thackers Schreibstil sehr eingängig. Jane Fearnley-Whittingstalls *The Garden: An English Love Af-*

fair (Weidenfeld & Nicolson 2002) ist ein detailreiches (und herrliches) Buch, das von einer aktiven Landschaftsarchitektin und Gartendesignerin geschrieben wurde. *The Genius of Place* (MIT Press 1988), herausgegeben von John Dixon Hunt und Peter Willis, ist zwar nicht so gut illustriert, stellt aber dafür eine fantastische Sammlung historischer Gartendokumente von bekannten englischen Autoren wie Alexander Pope und Jane Austen dar.

FREILUFT-PHILOSOPHIE

Die früheste Lebensbeschreibung von Aristoteles ist aus Diogenes Laertios' *Leben und Lehre der Philosophen* (Reclam 1998), wobei es auch andere (teilweise antiquarische) Ausgaben dieses Werks gibt. Auch Aristoteles' Schriften sind unter anderem bei Reclam erschienen.

A. N. Whiteheads Verweis auf »vorübergehende Gewohnheiten« der Natur stammt aus Lucien Prices *Dialogues of Alfred North Whitehead* (Max Reinhardt 1954). Auch wenn Whiteheads philosophische Schriften manchmal schwierig sein können – wegen ihrer Thematiken und nicht weil er verwirrend schreibt –, sind seine aufgezeichneten Gespräche wunderbare Beispiele für die Kunst des Redens und Zuhörens.

Martin Heidegger beschreibt den Begriff »Physis« am deutlichsten in seinem Aufsatz *Der Ursprung des Kunstwerkes* (Reclam 1986). Seine Ideen werden später von David Cooper in seinem Werk wieder aufgenommen. R. G. Collingwoods *The Idea of Nature* (Oxford 1960) bietet hingegen einen guten historischen Überblick über die Idee und den Begriff der

»Physis« im antiken Griechenland. Beide Bücher sind sowohl neu als auch antiquarisch relativ gut zu bekommen.

Roberto Calassos *Die Hochzeit von Kadmos und Harmonia* (Insel Verlag 1993) ist eine großartige Auseinandersetzung unter anderem mit den Themen Mythos und Wirklichkeit, Schein und Sein sowie dem Wesen der Kunst.

DER TROST VON CHAWTON COTTAGE

Die Schilderungen des Alltags von Jane Austen stammen von ihren Verwandten in *A Memoir of Jane Austen* (Wordsworth 2007) – verfasst von James Austen-Leigh, ihrem Neffen – sowie aus ihrem Briefwechsel, der von Deirdre le Faye in *Jane Austens Briefe* (Oxford 1996) herausgegeben wurde, und aus Biografien der Autorin. Bei diesen griff ich vor allem auf Jon Spences *Becoming Jane Austen* (Hambledon & London 2003) und Claire Tomalins *Jane Austen. A Life* (Penguin 2000) zurück. Spence rekonstruiert einfühlend Austens romantisches Leben und schildert in einer überzeugenden und oft bewegenden Geschichte den Wandel der Autorin von einer koketten jungen Dame zu einer reifen Schriftstellerin. Tomalin hingegen zeichnet ein größeres Bild von Austens Leben und Ära, tut dies aber mit viel Einfühlungsvermögen und Detailreichtum. *A Portrait of Jane Austen* (BAC 1978) von David Cecil wiederum liefert eine gut illustrierte Skizze von Austen und ihrem Zeitalter.

Es gibt mehr Ausgaben von Austens Romanen als Tage, um sie zu lesen. Ich habe die gesammelten Werke, die 2003 von der Collector's Library herausgegeben wurden. Die Illustrationen von Hugh Thomson sind charmant, wenngleich ein wenig putzig, und die Bände sind leicht, klein und robust – perfekt zum Mitnehmen oder als Bettlektüre. Doch Austens Werk kann in verschiedenen Größen und Ausgaben erworben werden, in Preislagen für jedes Budget.

Was die literaturwissenschaftliche Auseinandersetzung mit Austen betrifft, ist der Band *Jane Austen. The Critical Heritage* (Routledge & Kegan Paul 1987) gründlich, enthält aber auch einige erstaunliche Geschmacksverirrungen. Gilbert Ryles grundlegender Aufsatz zu Austen findet sich in *Critical Essays on Jane Austen* (Routledge & Kegan Paul 1978), ebenfalls von Southam herausgegeben.

Alexander Popes Gedichte sind sowohl in Hardcover- als auch Taschenbuchausgaben und im Internet erhältlich. Bei *Everyman* (1969) ist eine für den Verlag typisch robuste Version seiner gesammelten Gedichte erschienen, herausgegeben und eingeleitet von Bonamy Dobrée. Aber ich habe auch eine günstige Kindle-Ausgabe. Popes Übersetzungen von Homer wirken selbst heute noch eindrucksvoll. Maynard Macks *Alexander Pope. A Life* (W.W. Norton 1986) liefert einen umfassenden Einblick in Popes Leben, Werk und Ära, wobei Macks Beschreibungen des religiösen Hintergrunds im England jener Zeit besonders erhellend sind. George Frasers *Alexander Pope* (Routledge & Kegan Paul 1978) stellt Popes Ansehen als Moralist sehr gut nachvollziehbar dar. Popes Können als Schriftsteller wiederum lässt sich gut mithilfe von *Pope. The Critical Heritage* (Routledge & Kegan Pail 1973) verstehen, das von John Barnard herausgegeben wurde.

BONSAI IM SCHLAFZIMMER

Viele der Einzelheiten über Prousts Heim und Gewohnheiten stammen von seiner Haushälterin Céleste Albaret in *Monsieur Proust* (Insel Verlag 2004). Albaret war ihrem Arbeitgeber treu ergeben und vielleicht etwas naiv hinsichtlich seiner sexuellen Orientierung. Aber sie ist dennoch eine wertvolle Informationsquelle, was Prousts verschiedene Zimmer und Tagesabläufe betrifft.

Jean-Yves Tadiés *Marcel Proust. Biografie* (Suhrkamp 2008) ist eine bahnbrechende Lebensschilderung, die einen panoramahaften Überblick über Proust und seine Zeit gibt. George D. Painters zweibändigem Werk *Marcel Proust* (Suhrkamp 1996) fehlen die jüngeren Erkenntnisse, wie sie Tadié liefert, es stellt aber ein kühnes und dramatisches Porträt des Schriftstellers dar. Richard H. Barkers *Marcel Proust* (1958) ist klar und präzise, aber ohne die Fakten zu meistern, wie Tadié das gelingt, und auch ohne Painters psychologischen Scharfsinn. Die Beziehung zwischen dem jüngeren Proust und Marie Nordlinger wiederum schildert P. F. Prestwich in *The Translation of Memory* (Peter Owen 1999) besonders eindrucksvoll.

Die beste kurze und gut lesbare Zusammenfassung von Prousts Leben ist *Proust* von Edmund White (Claassen 2001), Teil der Reihe *Lives,* zu der auch die Lebensbeschreibungen von Jane Austen und dem heiligen Augustinus gehören – eine ausgezeichnete Einführung zu den Biografien vieler interessanter Menschen.

Prousts eigenes Werk *Auf der Suche nach der verlorenen Zeit* bleibt ein moderner Klassiker – eine einzigartige Mischung aus Memoiren, Fiktion, Psychologie und Philosophie. Meine

Familie besitzt eine schwere, dreibändige Ausgabe von Chatto & Windus (1982), doch die kleineren und leichteren Penguin-Ausgaben sind viel günstiger und leichter zu finden (auf Deutsch erschienen beim Insel Verlag Suhrkamp). Seinen gesammelten Briefwechsel gibt es in der zweibändigen Ausgabe *Briefe. 1879–1922* (Suhrkamp 2016). Prousts Essays, unter anderem *Gegen Sainte-Beuve* erschienen ebenfalls bei Suhrkamp in der Frankfurter Ausgabe von dessen Gesamtwerk.

DIE ÄPFEL VON MONK'S HOUSE

Die meisten Einzelheiten und Zitate aus Leonard Woolfs langem, stoischem Leben entstammen seinen beachtlichen Memoiren, gesammelt in fünf Bänden und veröffentlicht von der Hogarth Press: *Sowing* (1961), *Growing* (1964), *Beginning Again* (1965), *Downhill All the Way* (1967) und *The Journey Not the Arrival Matters* (1969). Woolfs Briefwechsel, herausgegeben von Frederick Spotts in *The Letters of Leonard Woolf* (Harcourt Brace Jovanovich 1989) stellt ebenfalls eine faszinierende Aufzeichnung seines Lebens und Jahrhunderts dar. Eine kürzere Version von Woolfs Leben findet sich in *Leonard Woolf. A Biography* (McClelland & Stewart 2006) von Victoria Glendinning.

Woolfs erster Roman *Das Dorf im Dschungel* (Fischer Taschenbuch 1985) ist kaum mehr zu bekommen, aber es gelang mir dennoch, eine Ausgabe in gutem Zustand in Großbritannien zu erwerben.

Über die Ehe von Virginia und Leonard Woolf kann George Spaters und Ian Parsons' *Porträt einer ungewöhnlichen Ehe*

(Fischer Taschenbuch 2002) als eine hervorragende Würdigung einer außergewöhnlichen Beziehung genannt werden, in der man auch zahlreiche Familienfotos findet. Virginia Woolfs Tagebücher, veröffentlicht in fünf Bänden bei S. Fischer und herausgegeben von Klaus Reichert, sind intime Porträts des Alltags und können als eigenständiges literarisches Werk gesehen werden. Das Gleiche gilt für ihre wunderbaren Briefe, herausgegeben in zwei Bänden ebenfalls von Klaus Reichert und veröffentlicht im S. Fischer Verlag. Hermione Lees Biografie der Schriftstellerin, *Virginia Woolf. Ein Leben* (S. Fischer 2002), liefert wiederum ein gutes Gegengewicht zu Leonard Woolfs persönlicheren Darstellungen.

DER GEDANKENBAUM

Der Verweis auf Nietzsches Gedankenbaum stammt aus *Friedrich Nietzsche. A Biography* (Pimlico 2003). Das Buch ist gut geschrieben und stellt die Ideen und gedankliche Entwicklung des Philosophen luzide dar. Cate erzählt spannend und unterhaltsam. Nüchterner, auch intellektuell erhellender ist Rüdiger Safranskis *Nietzsche. Biographie seines Denkens* (Hanser 2000). R. J. Hollingdale, ein anerkannter Nietzsche-Übersetzer, schrieb *Nietzsche. The Man and his Work* (Routledge & Kegan Paul 1965), das schlicht und mitfühlend verfasst ist (wohingegen viele Bücher zu Nietzsche vage oder fast unterwürfig anmuten).

Eines der lohnendsten Werke über Nietzsche auf dem inzwischen geradezu unübersichtlichen Markt ist Walter Kaufmanns *Nietzsche: Philosoph – Psychologe – Antichrist* (Wissenschaftliche Buchgesellschaft 1982). Es ist noch immer so erhellend und herausfordernd wie damals, als es zuerst veröffentlicht wurde (1950).

Nietzsches Werk ist als kritische Studienausgabe bei dtv und de Gruyter erschienen, herausgegeben von Giorgio Colli, mit vielen Kommentaren und hilfreichen Verweisen versehen. Zum Provokantesten und Vergnüglichsten gehören Nietzsches Notizbücher, veröffentlicht unter dem Titel *Der Wille zur Macht* (u.a. Insel Taschenbuch 2004), herausgegeben von Stephan Günzel. Meine Ausgabe ist durch das viele Lesen völlig zerfleddert. Auch *Die fröhliche Wissenschaft* (dtv/de Gruyter 1999) ist sehr ansprechend.

Nietzsches Briefwechsel kann auf einer Seite überschwänglich und auf der nächsten höchst ernüchtert klingen, ist aber immer faszinierend. *Sämtliche Briefe* erschienen in acht Bänden bei dtv und de Gruyter, herausgegeben von Giorgio Colli (2003). Meine Ausgabe habe ich antiquarisch erstanden. Sie gehörte früher dem amerikanischen Komponisten David Diamond und enthält einige höchst amüsante Randnotizen (»Ich hätte dem Kutscher eine auf den Mund oder die Nase verpasst«, notierte Diamond neben der Schilderung von Nietzsches Zusammenbruch in Turin, als der Philosoph zusah, wie ein Kutscher sein Pferd schlug.)

SEX UND ROSEN

Viel erfährt man über Colettes Leben (und Begierden) in Judith Thurmans *Colette. Roman eines Lebens* (Berlin Verlag 2001). Thurman liefert einen lebendigen Einblick in das als anrüchig geltende Leben der Schriftstellerin, ohne dabei schlüpfrig noch rechtfertigend zu sein. Herbert Lottmans *Colette. Eine Biografie* (Paul Zsolnay Verlag 1991) ist kürzer, dramatischer und macht zum Leben mehr Spaß. Germaine Greers *Love of Blooms* aus der New York Times vom 1. Juni 1986 hingegen fasst ausgezeichnet Colettes Liebe für »das Knospende und das Verblühende« zusammen.

Colettes Erinnerungen *Sido* sind beim Rowohlt Taschenbuch Verlag erschienen (1960), während *Claudines Mädchenjahre* unter anderen bei Droemer Knaur herausgegeben wurden (1994).

In *Die Erde, mein Paradies* (Fischer 1967) versammelte Robert Phelps Ausschnitte aus Colettes autobiografischen und journalistischen Werken. Als Biografie ist das Buch nicht sehr erhellend, aber es liefert eine gute Einführung in den Stil und die Ideen der Autorin. Colettes Schriften über Blumen, Kräuter und Gärten findet sich hingegen in Robert Phelps' Sammlung *Colette. Flowers and Fruits* (Farrar, Straus & Giroux 1986).

Colettes Werke erschienen bei verschiedenen Verlagen und sind auf Deutsch bei weitem nicht alle erhältlich. So findet sich die *Claudine*-Reihe nur noch antiquarisch (z. B. Ullstein), nur Klassiker wie *Die Katze aus dem kleinen Café* oder *Chéri* werden vereinzelt noch aufgelegt (Fischer Taschenbuch).

Arthur Schopenhauers *Die Welt als Wille und Vorstellung* liegt in einigen Ausgaben vor, unter anderem in der Gesamtausgabe des Philosophen bei dtv (1998), herausgegeben von Ludger Lütkehaus.

BOTANISCHE BEKENNTNISSE

Auch mehr als zwei Jahrhunderte später bleiben Rousseaus *Bekenntnisse* (Insel Verlag 1985) ein überraschendes Leseerlebnis. Der Narzissmus und die Größenfantasien des Schriftstellers muten in ihrer Naivität seltsam charmant an. Er schreibt ausgezeichnet – einfach, kühn und mit einem Sinn für das Anekdotische. *Träumereien eines einsamen Spaziergängers* (Reclam 2003) sind paranoider, aber auch lyrischer und kürzer.

Viele der philosophischen und politischen Hauptschriften Rousseaus sind bei Reclam erschienen, wobei es auch einzelne gebundene Ausgaben gibt, unter anderem *Der Gesellschaftsvertrag* bei marix (2008) oder *Émile* bei Anaconda (2010). Die Abhandlungen und Essays wurden ebenfalls bei Reclam verlegt und meist mit einem Nachwort versehen.

Am ruhigsten, geduldigsten und aufschlussreichsten tritt Rousseau in *Botanik für artige Frauenzimmer. Acht botanische Lehrbriefe* (Hans Peters 1980) auf, in seinen Briefen an Madame Étienne Delessert. Diese Ausgabe enthält auch einige wunderbare Zeichnungen des belgischen Meisters Pierre-Joseph Redouté, des Hofmalers von Marie Antoinette.

Was Rousseaus Leben betrifft, ist Maurice Cranstons dreibändige Biografie aufgrund ihres Detailreichtums und eines gewissen Großmuts sehr empfehlenswert: *Jean-Jacques* (1982), *The Noble Savage* (1991) und *The Solitary Self* (1997). J. H. Huizingas *Rousseau. The Self-Made Saint* (Grossman Publishers 1976) ist eine schonungslose Biografie, aber auch ein gutes Gegenmittel zu Rousseaus eigener Selbstgefälligkeit.

AUF UND AB MIT EINER SCHARFEN SENSE

Die genauen Einzelheiten aus dem Alltag Orwells sind *Orwell: Diaries* (Harvill Secker 2009) zu entnehmen, herausgegeben von Peter Davidson. Neben gesellschaftlichen, politischen und wirtschaftlichen Beobachtungen gibt es regelmäßige Einträge über sein Gärtnern auf Jura, die großteils praktisch orientiert sind (9. Oktober 47: »Fuchsienstumpf beseitigt«), aber ein charmantes Porträt seines Lebens (und seiner Experimente) auf der Insel entstehen lassen.

Orwells Leben wird in Jeffrey Meyers *Orwell. Wintry Conscience of a Generation* (W. W. Norton & Company 2000) verständnisvoll geschildert, wenn auch mit berechtigter Kritik an seinen zerstörerischen Seiten. David Lebedoffs *The Same Man* (Scribe 2008) ist eine einzigartige Doppelbiografie von Orwell und Evelyn Waugh, in der ausführliche Recherchen mit einem Stil, literarischen Sympathien und einem ausgeprägten Sinn für Geschichten kombiniert werden.

Orwells journalistische Texte und Rezensionen gehören zu den besten des zwanzigsten Jahrhunderts – neben Virginia Woolfs steht Orwells exemplarisch für den modernen Essay. Dieses Werk wurde zusammen mit Orwells Briefen in vier Bänden bei Penguin (1970) verlegt, herausgegeben von Sonia Orwell und Ian Angus. *Erledigt in Paris und London* (1978) und *Tage in Burma* (2000) erschienen beide bei Diogenes. Auch Orwells Romane, unter anderen *Die Wonnen der Aspidistra* (Diogenes 1999), sind meist bei Diogenes veröffentlicht worden, wobei es *1984* auch in anderen Ausgaben gibt.

Meine Ausgabe von *1984* (Chancellor Press 1984) ist in einem Doppelband mit *Farm der Tiere*. Einer der Vorteile von

Orwells (spätem) Ruhm ist die Tatsache, dass es zumindest auf Englisch viele Optionen hinsichtlich Geldbeutel, Gewicht und Layout gibt. Antiquariate mögen manchmal, wie Orwell klagte, kalt, voller Fliegen und staubig sein – aber sie sind oft auch voller Orwell-Ausgaben zu erschwinglichen Preisen.

FLURE VOLL VIELLEICHT

Da Emily Dickinson – vor allem in den USA – weiterhin sehr beliebt ist, findet man ihre Gedichte in vielen Buchhandlungen und zwar sowohl in Neuausgaben als auch antiquarisch. Die erste deutsche Gesamtausgabe erschien zweisprachig unter dem Titel *Sämtliche Gedichte* 2015 bei Hanser in München und wurde von Gunhild Kübler neu übersetzt. Im Anhang finden sich zudem ein ausführlicher Kommentar und ein Nachwort der Übersetzerin, in dem sie sich mit den zahlreichen Fassungen und Varianten der verschiedenen Gedichte auseinandersetzt. Eine Taschenbuchausgabe ausgewählter Gedichte, ebenfalls zweisprachig und von derselben Übersetzerin, liegt bei Fischer Taschenbuch (Frankfurt/Main 2011) vor.

Dickinsons Briefe, die oft tatsächlich mit Blumen aus dem Garten der Dichterin zusammengebunden waren, erschienen in einer Auswahl unter dem Titel *Wilde Nächte. Ein Leben in Briefen* (Frankfurt/Main: S. Fischer 2006), herausgegeben und übersetzt von Uda Strätling. Günstiger ist die Taschenbuchausgabe, die 2011 bei Fischer Taschenbuch erschien. Zudem gibt es eine zweisprachige Sammlung von ausgewählten Gedichten und Briefen von Emily Dickinson mit dem

Titel: *Guten Morgen, Mitternacht* (Diogenes, Zürich: 1997). Ausgewählt und übersetzt wurden die Texte von Lola Grünthal.

Alfred Habeggers *My Wars are Laid Away in Books. The Life of Emily Dickinson* (New York: Modern Library 2001) ist eine herausragende Biografie, die ein wahrhaft eindringliches und psychologisch packendes Porträt der Dichterin zeichnet. Lyndall Gordons *Lives Like Loaded Guns. Emily Dickinson and her Family's Feuds* (London: Virago Press 2011) zeigt hingegen, wie Dickinsons Erbe und öffentliches Ansehen durch ständige Familienkonflikte posthum stark in Mitleidenschaft gezogen wurde. Auf Deutsch finden sich biografische Porträts der Dichterin bisher nur in Anthologien über berühmte Frauen, u. a. in Ingeborg Gleichaufs *Ich habe meinen Traum: Sieben Dichterinnen und ihre Lebensgeschichte* (Weinheim: Beltz & Gelberg 2003, S. 82–116) oder in *Leidenschaften. 99 Autorinnen der Weltliteratur* (hrg. v. Verena Auffermann u. a. München: Bertelsmann 2009, S. 142–147).

Über Dickinson und ihre Gärten kann man in Judith Farrs ausgezeichnetem Buch *The Gardens of Emily Dickinson* (Cambridge/Massachusetts: Harvard University Press 2004) nachlesen – nicht nur hinsichtlich der gärtnerischen Angewohnheiten der Dichterin, sondern auch in Bezug auf die Beziehungen zwischen den Gärten, ihren Gedichten, dem gesellschaftlichem Leben und ihren Ideen.

STEINE HARKEN

Nikos Kazantzakis war ein begeisterter und neugieriger Vielreisender, der seiner zweiten Frau, Eleni Samios, viele Eindrücke in Briefen nach Hause schickte. Sie sammelte diese und andere und versah sie mit ihren eigenen Kommentaren in dem Buch *Einsame Freiheit. Biografie aus Briefen und Aufzeichnungen* (Herbig 1991). Kazantzakis schrieb auch exzessiv auf seinen Reisen, unter anderem *Japan China* (Simon & Schuster 1963), *England* (Cassirer 1965), *Spain* (Simon & Schuster 1963) und *Journeying* (Little, Brown & Co. 1975), die allerdings nicht auf Deutsch erschienen. Seine Zeit in Japan und China verarbeitete er auch fiktiv in *Der Felsengarten* (Ullstein 1997). Viele diese Bücher werden nicht neu aufgelegt, man kann sie aber antiquarisch online erwerben.

Die *Odyssee. Ein modernes Epos* (Elfenbein 2017) ist eine poetische Version von Kazantzakis' Prozessphilosophie. Übersetzt von Gustav A. Conradi, bleibt es eines der besten Werke, um Kazantzakis' Ideen zu verstehen. Sein Freund, der kretische Autor Pandelis Prevelakis verfasste eine kritische, aber wohlwollende Studie des Epos: *Nikos Kazantzakis and The Odyssey* (Simon & Schuster 1961).

Kazantzakis hielt seine Philosophie auch in *Askese* (Goldmann 1987) und in Teilen seiner Memoiren *Rechenschaft vor El Greco* (Ullstein 1995) fest – einem Meisterwerk der fiktionalisierten Autobiografie, das in einer Reihe mit Klassikern wie Rousseaus *Bekenntnissen* gesehen werden kann.

Was Kazantzakis' Leben und Werk betrifft, sei auf Peter Biens eindrucksvolles zweibändiges *Politics of the Spirit* (Princeton University Press 1989 und 2007) hingewiesen. Der Autor setzt sich darin intensiv mit den Ideen, der politischen Haltung, der Kunst von Kazantzakis und deren wechselseitige Bezügen auseinander, wobei er auf Jahrzehnte der Beschäftigung mit dem griechischen Nobelpreisträger zurückgreift, um ein überzeugendes Porträt zu zeichnen. Es ist nicht einfach zu lesen, lohnt aber der Mühen.

KASTANIEN UND DAS NICHTS

Sartres *Der Ekel* (rororo 1949) stellt keine systematische Abhandlung dar, ist aber eine bessere Einführung in den Existentialismus als *Das Sein und das Nichts* (rororo 1993). Es geht nicht darum, dass Sartres Opus schlechte Philosophie ist – ganz und gar nicht. Es ist vielmehr schlecht geschrieben und schafft es nicht, dem Leser die transformative Weltanschauung des Existentialismus näherzubringen. Andererseits sind es die Passagen in *Das Sein und das Nichts* über den Schleim durchaus wert, das Buch zur Hand zu nehmen – von der »Verurteilung zur Freiheit« einmal ganz abgesehen.

Der Existentialismus ist ein Humanismus wurde unter anderem in dem Band *Drei Essays* (Ullstein Materialien 1986) veröffentlicht, herausgegeben von Walter Schmiele. Eine besonders eindrückliche Studie Sartres ist die über den Bildhauer Alberto Giacometti mit ihrer Beschreibung des »Versprechens« der Statuen: ihre unerreichbare Festigkeit. Sie wurde in dem Band *Die Suche nach dem Absoluten. Texte zur Bildenden Kunst* (rororo 1999) veröffentlicht.

Ronald Haymans *Jean-Paul Sartre. Leben und Werk* (Heyne 1991) zeichnet ein breit angelegtes Porträt des Philosophen, das gekonnt Philosophie, Politik und Persönliches miteinander verbindet. Sartres eigene Autobiografie *Die Wörter* (rororo 1968) ist natürlich weniger objektiv, aber gerade deshalb auch faszinierend. Bernard-Henri Lévys *Sartre. Der Philosoph des 20. Jahrhunderts* (Hanser 2002) ist eine erhellende und oftmals amüsante Untersuchung des Lebens, Werks und Zeitalters des Philosophen. Lévy analysiert besonders genau Sartres Sehnsucht, trotz seiner ganzen Verteidigung der Freiheit sich selbst zu entkommen.

Sartres Tagebücher aus dem Zweiten Weltkrieg zeigen ihn in seinen Dreißigern, wie er mit der Langeweile, den Klassenproblemen und der Absurdität des Krieges kämpfte. Sie lassen den Leser auch die philosophische Entwicklung bis zu *Das Sein und das Nichts* nachvollziehen, einschließlich anhand von Notizen über Heidegger, Authentizität und Historie. Sie finden sich unter dem Titel *Les carnets de la drôle de guerre: September 1939 – März 1940* (rororo 1996). Hier findet sich auch ein bis dato unveröffentlichtes Heft.

Einige von Sartres Briefen sind so dramatisch, scharf beobachtend und geistreich wie seine Romane. Die meisten finden sich in den Bänden *Briefe an Simone de Beauvoir. 1926–1939* (rororo 1984) und *Briefe an Simone de Beauvoir und andere. 1940–1963* (rororo 1985). Die Antworten von Simone de Beauvoir wurden unter dem Titel *Briefe an Sartre. 1940-1963* (rororo 1998) veröffentlicht. Die frühen Jahre ihrer Liebe und Freundschaft, einschließlich Sartres Aufenthalt in Le Havre, sind in de Beauvoirs *In den besten Jahren* (Rowohlt 1969) festgehalten. Das Porträt der inzwischen verstorbenen Hazel Rowley über das Paar – *Tête-à-tête. Leben und Lieben von Simone de Beauvoir und Jean-Paul Sartre* (Parthas 2007) – geht nicht tiefer auf das Werk der beiden ein, sondern beschäftigt sich stattdessen ausführlich mit ihren Beziehungsgrausamkeiten. Es zeigt auch de Beauvoirs Treue zu Sartre – und sein großes Bedürfnis danach.

DAS BESTE ALLER MÖGLICHEN ANWESEN

Dieses Kapitel wurde ursprünglich von Adam Gopniks elegantem Essay *Voltaire's Garden* im New Yorker vom 7. März 2005 angeregt.

Roger Pearsons *Voltaire Almighty. A Life in Pursuit of Freedom* (Bloomsbury 2005) liefert ein eindrucksvolles Panorama von Voltaires Ära, Persönlichkeit und Ideen. Pearson zeigt die Fehler und Beziehungen des großen Schriftstellers auf, ohne dabei bissig oder schwatzhaft zu sein. Richard Aldingtons *Voltaire* (Chatto & Windus 1935) lässt zwar Pearsons Tiefe und und Umfang vermissen, ist aber dennoch klug und oftmals sehr prägnant.

In *Voltaire* (Weidenfeld & Nicolson 1986) bietet A. L. Ayer eine genaue Analyse von Voltaires philosophischen Ideen und Auseinandersetzungen. Er schreckt auch nicht davor zurück, den literarischen Stil des Franzosen zu kritisieren (»Voltaires Tragödien waren melodramatisch und wie zu lange gekochte Soufflés, die in sich zusammengesackt sind.«)

Voltaires literarische und philosophische Werke gibt es in zahllosen Ausgaben auf Französisch und in Übersetzung, sowohl auf Papier als auch elektronisch. Bei Reclam finden sich viele seiner Theaterstücke, unter anderem *Candide*, wobei es auch schönere Ausgaben gibt. Das *Philosophische Wörterbuch* ist unter anderem 1967 im Insel Verlag erschienen, herausgegeben von Karlheinz Stierle. Ich habe auch eine elektronische Ausgabe, die nicht nur gut übersetzt ist, sondern in der man auch rasch etwas findet. Meine Ausgabe von Voltaires *Philosophischen Briefen* (Ullstein 1991) ist nur noch antiquarisch zu erhalten, während die Briefe aus England unter dem Titel *Stürmischer als das Meer. Briefe aus England* 2017 im Diogenes Verlag neu aufgelegt wurden.

EIN FREMDER AN DER PFORTE

Es gibt viele gute Ausgaben von Platons Dialogen, zum Beispiel den Band in der Gesamtausgabe bei rororo (2004), herausgegeben von Ursula Wolf. Dort finden sich auch die Briefe und ein ausgezeichnetes Register. Platons Werke sind allerdings in vielen günstigen Ausgaben zu haben, sowohl neu als auch antiquarisch, aber auch als E-Book. Wenn ich unterwegs bin und keinen Zugang zu meinen Büchern zu Hause habe, benutze ich gerne die E-Book-Ausgaben von Platon und Aristoteles, die weniger kosten als der Kaffee, den ich trinke.

DANKSAGUNG

Vielen Dank an Sue Lascelles, auftraggebende Redakteurin bei Rider, für die Publikation dieses Buchs; an Judith Kendra, Riders Verlagsdirektorin, für ihren Enthusiasmus; und an Elisa Berg von MUP für die ursprüngliche Auftragserteilung.

Ich bin meinen Agenten Sharon Galant (Europa) und Benython Oldfield (Australien) von der Zeitgeist Media dafür sehr dankbar, meine Worte so erfolgreich angepriesen zu haben.

Arts Victoria und Melbourne University's Writing Centre for Scholars and Researchers boten ihre finanzielle Unterstützung an. Danke auch an Simon Clews für seine beständige Hilfe und Präsenz.

Ich bin den Jane Austen Societies of Australia und Melbourne dankbar, dass sie mir die Möglichkeit boten, mein Kapitel über Austen vor einem so großzügigen Publikum zum ersten Mal der Öffentlichkeit zu präsentieren. Mein besonderer Dank geht an Susannah Fullerton, Andrea Richards und den inzwischen leider verstorbenen Jon Spence, einen wahren Gentleman und Gelehrten.

Ich schulde auch Eike Schmidt, Hauptkurator für Decorative Arts am Minneapolis Institute of Arts, für die Übersetzungen von Jacob Björnståhl meinen Dank. Vielen Dank auch

Dr. Chris Andrews für das Weiterreichen der Übersetzung von Prousts Noailles-Rezension; Professor David Leatherbarrow für sein erkenntnisreiches Werk über Shaftesbury; und Varvara Tsaka aus Kretas Nikos Kazantzakis Museum für die Fotografien von Kazantzakis.

Ich danke Ian Britain, Christopher Lawrence und Margaret Connolly für ihre zeitnahen Ratschläge und ihr Feedback. Ebenso geht mein Dank an Glyn Davis für seine Ermutigungen und an Sandra Price für den Vorschlag, ein Kapitel über Colette zu schreiben.

David Lebedoff ist stets ein wunderbarer Begleiter auf dieser philosophischen und literarischen Reise – eines Tages werden wir uns sicher persönlich kennenlernen.

Ich möchte auch meinen Eltern und meiner Schwiegermutter dafür danken, sich um die Kinder zu kümmern, während ich in einem Café arbeitete, sowie für unsere hilfreichen Unterhaltungen. Nikos und Sophia ertrugen mein Exil in den letzten Wochen, als dieses Manuskript entstand. Kinder: Ich werde sehr bald wieder mit der Schule und im Kindergarten helfen. Und schließlich danke ich meiner geliebten Ruth für ihre Liebe, ihr Vertrauen, ihr großes Wissen – und das Rasenmähen.

Die Originalausgabe erschien 2012 unter dem Titel »Philsophy in the Garden. Eleven Great Authors, and the Ideas They Discovered in Parks, Yards and Pots« bei Melbourne University Press, Melbourne.

Sollte diese Publikation Links auf Webseiten Dritter enthalten, so übernehmen wir für deren Inhalte keine Haftung, da wir uns diese nicht zu eigen machen, sondern lediglich auf deren Stand zum Zeitpunkt der Erstveröffentlichung verweisen.

Dieses Buch ist auch als E-Book erhältlich.

Verlagsgruppe Random House FSC® N001967

1. Auflage
Deutsche Erstveröffentlichung März 2019
by btb Verlag in der Verlagsgruppe Random House GmbH,
Neumarkter Str. 28, 81673 München
Copyright der Originalausgabe © 2012 by Damon Young
Illustrationen © 2012 by Daniel Keating
Covergestaltung: semper smile, München
Covermotiv: © Images Of Our Lives/Getty Images
Satz: Uhl + Massopust, Aalen
Druck und Einband: GGP Media GmbH, Pößneck
mr · Herstellung: sc
Printed in Germany
ISBN 978-3-442-71730-9

www.btb-verlag.de
www.facebook.com/btbverlag